Ⓢ新潮新書

有馬哲夫
ARIMA Tetsuo

ディズニーランドの秘密

新潮社

ディズニーランドの秘密 ● 目次

序　章　あなたはストーリーをつむげるか　7
みんなが同じように幸せになれるのか　ストーリー性が問題　ギャップを乗り越えるには
ディズニーランドはどのように変わったのか　東京ディズニーランドとの違い
第1章　ウォルトは何を作りたかったのか　24
基本コンセプトは　ウォルトは交通博物館を作りたかった　三次元の世界を作りたかった
科学技術が築く明るい未来を見せたかった
第2章　流浪するディズニー一家　34
初めに鉄道ありき　アイルランドからやってきた祖父　一家はアメリカ中西部へ　エライアスは西部を目指す　フロリダまで追いかけ求婚　シカゴへ、そしてマーセリンへ　マーセリンと汽車　ついにカリフォルニアへ　ディズニー一家だけではなかった　思い出の町並み　メインストリートは心象風景　本物と似ていないほうがいい
第3章　鉄道マニア、ウォルトの夢　59
陸の王者と水の女王　庭のなかの鉄道　汽笛にはしゃぐウォルト　ふくらむウォルトの鉄

道の夢　戦争が夢を邪魔した　鉄道熱の再燃　ミッキーマウス・パーク始動　ユニヴァーサル・スタジオとの違い　ディズニーランドをアナハイムに　「ミッキーマウス・パーク」では蒸気船も主人公　アメリカの河川交通　蒸気船と西部開拓　カンザスシティは西部開拓の前線基地　「蒸気船ウィリー」の舞台はどこか　マーク・トウェインとミシシッピ川　トムソーヤ島のモデル　ホーンテッド・マンションはなぜフランス風か

第4章　アニメの世界を三次元に　93

アニメーターとイマジニア　白雪姫のおかげで入社　ウォルトの私設設計士に　ファンタジーランドのアトラクション作り　新九人の侍　ピンクのダンボ　ダンボ・ノスタルジア　鉄道史上のヒーロー、ケイシー　短編アニメーション「ケイシージュニア」　サーカスはテーマパークの父

第5章　トゥモローランドは進化する　120

すぐにトゥディランドになったトゥモローランド　天井は宇宙、足元は地球　スプートニク・ショックと宇宙開発　スポンサー交替の事情　月ロケットから月への旅へ　宿題として残されたモノレール　古くて新しいモノレール　最新モノレールはドイツに　宇宙船型

モノレールをスタジオで製作　世界最大規模の原子力潜水艦隊　「わが友原子力」とノーチラス号　アメリカの未来を護る原子力潜水艦

第6章　ウォルト亡きあとの大転換　145

スペース・マウンテンは変化の兆し　作りたかったのはイマジニア　ストーリーに苦しむ起こるべくして起こった変化　ビッグサンダー・マウンテンはどこにある　六〇〇〇万ドルのライド　プロジェクト再始動　スリルは客を呼ぶ　「スプラッシュ・マウンテン」ストーリー　『リーマスおじさん』と『南部の唄』の違い　なぜ『南部の唄』は封印されたのか　なぜ『南部の唄』がテーマになったのか　突然登場した人魚

終　章　ディズニーランドは永遠に完成しない　181

東京ディズニーランドもアメリカ製　文化的価値の違い　東京ディズニーランドは第二世代パーク　ゲストの七〇パーセントが女性という意味　東京ディズニーランドにストーリーは必要ないか　ディズニーランドは永遠に完成しない

あとがき　198

主要な参考文献　200

序　章　あなたはストーリーをつむげるか

みんなが同じように幸せになれるのか

最初に生まれたディズニーランド（カリフォルニア州アナハイム）には、「パートナーズ」と呼ばれるウォルト・ディズニーとミッキーマウスが手をつないで立っている銅像があります。その前にある金属板には次のような銘が刻まれていました（現在は違う銘が刻まれています）。

この幸せな国へ来るすべての人々へ
ようこそ。ディズニーランドはあなたたちの国です。年配の人たちは過去の優しい思い出をもう一度経験し……若者は未来へのチャレンジとそれが約束してくれるものを経験するでしょう。

ディズニーランドはアメリカを作った理想と夢と現実に捧げられたものです。そして、それが全世界にとって、喜びとインスピレーションの源泉になることを願うものです。

実は、これは一九五五年七月一七日にディズニーランドがアナハイムに開園したときのウォルト・ディズニーのオープニング・スピーチを書き写したものです。

読者の皆さんは、おそらくウォルトの言葉に同意してくれるでしょう。たしかに、この場所は、ゲスト（入場者）をいろいろな意味で幸せにしてくれる場所です。

しかし、では、ディズニーランドは、来たゲストをみな同じように幸せにしているのでしょうか。ウォルトも暗にいっているように、年取った人と若い人（とくに子供）とではここで受けとめるものは違うのではないでしょうか。また、ゲストが男性か女性か、ここにくるのが初めてかそうでないか、アメリカ人か他の国の人かでも違ってくるでしょう。

なんといっても大きいのは、ゲストがストーリーを頭に描けるか、描けないかでしょう。この違いはとても大きいと思います。

ストーリー性が問題

よくディズニーランドと普通の遊園地の違いは、ディズニーランドはストーリー性があるのに対し、ほかの遊園地はないことだといわれます。

その通りです。

ディズニーランドはただライド（乗り物）に乗り、アトラクションを楽しむのとは違う喜びを与えてくれます。たとえば、西部開拓時代風のトロッコに乗って**「ビッグサンダー・マウンテン」***を滑り落ちていくのと、普通のジェット・コースターに乗って鉄骨を組んだコースを滑走するのとでは、物理的には同じことでも、感覚的にはまったく違います。この違いこそディズニーランドと普通の遊園地の違いといっていいでしょう。

ところが、このストーリー性は、日本人をはじめとする外国人（アメリカ人から見て）にとって、とても大きな問題です。こう思う人もいるでしょう。

「なるほどディズニーランドと普通の遊園地の違いはストーリー性にあるのか。でも、正直なところ、私の頭にはなんのストーリーも浮かばない。これは私だけなのだろうか。ほかの人はみなちゃんとストーリーが浮かんでいるのだろうか」

プレートには「年配の人たちは過去の優しい思い出をもう一度経験し……若者は未来へのチャレンジとそれが約束してくれるものを経験するでしょう」とありました。「年配の人たち」にとっての「優しい思い出」とは、日本やフランスや中国の年配者の思い出のことではありません。アメリカの年配者にとっての思い出です。そして、「若者」にとっての「未来」も、アメリカの若者にとっての未来です。ディズニーランドはアメリカ人のために、アメリカ人が楽しめるように作られたものです。

ウォルトは、ディズニーランドを作ったとき、それがのちに日本やフランスや香港に作られるなどと思ってもみませんでした。実は、彼は、生前に日本からディズニーランドを作りたいという申し出があったとき、反対したのです。その理由は、外国人（アメリカ人から見て）が、アメリカ人と同じようなストーリーをつむぐことはむずかしいからというものです。とくに、日本人のように、ヨーロッパではなくアジアにあって、文化も伝統もまったく違う場合、むずかしさは大きくなります。

ギャップを乗り越えるには

では、ウォルトが伝えようとしたことを受け止め、ストーリーをつむぐにはどうしたらいいでしょう。答えは明らかです。

ウォルトは、もともとはディズニーランドをなんのために作ろうとしたのか、それは当時のアメリカ人にとってどんな意味があったのかを知ることです。もっといえば、ウォルトを、そして彼を育てたアメリカを、もっとよく知ることだともいえるでしょうか。

ウォルトがアナハイムに建設した当時のディズニーランドと東京ディズニーランドはかなり違います。同じことはディズニーランド・パリと香港ディズニーランドについてもいえます。

しかし、どこがどう違うのかを知るためには、もともとのディズニーランドはどうだったのかを理解しなくてはなりません。それがその後どのように変わり、また、外国にも作られることで、それがどのように変わったのかも知る必要があります。このような変化を含めたものが現在の東京やパリや香港のディズニーランドになっているからです。ディズニーランドができてからもう五〇年以上たっています。ディズニーランドは立派に歴史を持っているのです。

もちろん、このようなことを知ったからといって、日本人がアメリカ人と同じようにディズニーランドを楽しむことができるわけではありません。ですが、かなりギャップを埋めることはできると思います。そして、それによって、少なくとも、これまではつむげなかったストーリーをつむぎ、これまで感じなかったことを感じるようになると思います。

このことはディズニーのアニメーションを例にとるとわかりやすいでしょう。今日、日本人の多くは、それらのストーリーのもとになった原作を読んだことがありません。でも、ウォルトを始めとする制作スタッフは、みな原作をよく知っていました。アメリカの観客もまた知っていることを前提として作品は作られていました。ですから、ウォルトやスタッフが意図したことを理解するためには、原作を読む必要があります。

たしかに読まなくとも「それなりに」楽しめるのですが、読めば楽しみがはるかに深まるということはたしかでしょう。

このようなわけで私は『ディズニーの魔法』(新潮新書)という本を書きました。これは、ディズニー・アニメーションが、原作の童話や民話をどのように変えたかについて書いたものです。この本で私がしたいことも、『ディズニーの魔法』とだいたい同じです。

ディズニーランドとはもともとどんなものだったのか、ウォルトがそこに込めた意味はなんだったのか、そしてアメリカ人にとって、それはどのような意味を持っていたのか、それはその後どのように変わったのかを明らかにしたい、それによって皆さんがディズニーランドをより楽しむためのお手伝いをしたいということです。

ディズニーランドはどのように変わったのか

お断りしておかなければならないのは、ウォルトが初めてアナハイムに作ったディズニーランド、つまりオリジナル・ディズニーランドは、東京やパリや香港のディズニーランドとも違いますが、現在アナハイムにあるディズニーランドとも重要な点で異なっているということです。

なお、本書ではとくに断りがない限り、ディズニーランドは、アナハイムにあるディズニーランドを指すことにします。そして、建設された当初のディズニーランドを、オリジナル・ディズニーランドと呼びます。その後アトラクションを増やし、変化していったものと区別するためです。また、東京ディズニーランドにもあるアトラクションについてはその表記に準ずるようにします。

ウォルトは一九六六年一二月一五日に癌でこの世を去っています。その後もディズニーランドには、さまざまなアトラクションが加わり、その結果大きく変わりました。

現在アナハイムにあるディズニーランドは、ウォルトが考えたオリジナル・ディズニーランドの延長線上にあるのですが、ウォルトが建設に関わっていないアトラクションがかなりあります。

たとえば、現在もっとも人気のある乗り物、**「スペース・マウンテン」**、**「ビッグサンダー・マウンテン」**、**「スプラッシュ・マウンテン」**などはウォルトが生きていたときディズニーランドにはありませんでした。

「カリブの海賊」などはウォルトも製作にかかわりましたが、完成したのは彼の死後の一九六七年でした。

「アメリカ河」のそばにあるニューオリンズ・スクウェアは一九六六年完成なのでぎりぎりセーフのようです。そこにある**「ホーンテッド・マンション」**も一九六五年から新しいアトラクションとして宣伝していたので、ウォルトは計画にかかわっていますが、完成したのは一九六九年なのでできあがったものを見ることはありませんでした。

ということは、ディズニーランドが最初にオープンしたとき、そこには現在ディズニーランドと聞いて私たちが思い浮かべる**「スペース・マウンテン」**も**「ビッグサンダ**

ー・マウンテン」も**「スプラッシュ・マウンテン」**も**「カリブの海賊」**もなかったということです。

　こういわれて読者の多くは驚かれるでしょう。「そんなディズニーランドなんて想像がつかない」という人が多いに違いありません。私も同じです。

　オリジナル・ディズニーランドがオープンしたとき、アトラクションの数は二二でした。ウォルトがこの世を去ったときには、その数は倍以上の四八になっていました。

　もっと驚くのは、それにかけたお金です。オリジナル・ディズニーランドは建設するのに一九五五年当時のお金でだいたい一七〇〇万ドルかかっています。この時期一〇〇〇万ドルあれば、日本と韓国全土にテレビ放送のネットワークを建設することができたのですから大変な大金だといえます。

　それにとどまらず、ウォルトは開園後もアトラクションを増設したり、改造したりしています。そのためにかかった費用は、一〇年間で三六〇〇万ドルにのぼりました。建設費の二倍以上を建設後にパークを充実させたり、改善させたりするためにかけたことになります。

　これは当時のこの業界の常識を超えているだけでなく、現在の常識さえ超えています。

普通は、遊園地やテーマパークは、建設したらそれで終わりです。メンテナンスはしますが、よほど老朽化したり、時代遅れにならないかぎりは、アトラクションを建て替えたり、まして建て増したりはしません。

ところが、ディズニーランドのアトラクションは、ウォルトの死後もどんどん増えています。もちろん敷地が限られているので、前にあったものを壊して新しく建てるということもしています。

たとえばトロッコにのって鉱山をめぐるという「レインボウ・カヴァーンズ・マイン・トレイン」は取り壊されて、そのあとに**「ビッグサンダー・マウンテン」**が作られました。現在のものは以前のものにくらべてはるかにスケールが大きいものになっています。

同じようなアトラクションなのですが、コンセプトと名前が変わったものもあります。トゥモローランドにあった「サブマリン・ヴォヤッジ（潜水艦の旅）」は、最初は原子力潜水艦でしたが、一九八七年には海底探査船に変わりました。現在では「ファインディング・ニモ・サブマリン・ヴォヤッジ」（ディズニーシーにある「タートル・トーク」とは別のもの）となっていて、この映画の舞台となったすばらしい海底の世界を探査船で見るアトラクションになっています。
ウォルトがこの世を去ったとき、ディズニーランドは、オリジナル・ディズニーランドとはすっかり違うものになっていました。そして、ウォルトの死後も変化し続けたのです。

東京ディズニーランドとの違い

冒頭に紹介したオリジナル・ディズニーランドの金属プレートの銘も二〇〇一年一二月五日からは次のものに変わりました。

ウォルト・ディズニーの生誕一〇〇周年にあたり、この同じ「パートナーズ」をもう一度彼の夢と創造性とヴィジョンに捧げます。
その遺産は新しい世紀へ、世界中へ、そしてここ「魔法が始まる場所」へと受け継がれていくのです。

現在のディズニーランドはウォルトが創造したままのものではなく、多くの変化をこうむりながら、次の世紀へと受け継がれていく遺産になっているのです。

これらの多くの変化のなかには、アメリカでのディズニーランド／マジック・キングダム（ディズニー・ワールド）の変化に加えて、それらをベースにしたものが「世界中へ」受け継がれた結果起きた変化も含まれます。

皆さんが良く知っている東京ディズニーランドを例に取りましょう。東京ディズニーランド内には、パークを一周する鉄道がありません。あるのは**「ウエスタンリバー鉄道」**というアトラクションで、ここには駅が一つしかありません。

これは駅がいくつもあると鉄道の許可を当時の運輸省（現在の国土交通省）からもらわなければならなかったからです。日本では、駅が一つだとライドという扱いになるのですが、複数になると鉄道になるのです。

しかし、東京ディズニーランド以外のディズニーランド（マジック・キングダム、パリと香港のディズニーランド）にはすべてパークを一周できる鉄道があります。あとで明らかにするように、ウォルトはこの鉄道に強い思い入れがありました。そして、その思い入れこそが彼にディズニーランドを作らせたものだったのです。

「メインストリートＵＳＡ」もウォルトにとって大切でした。彼や、彼の世代のアメリカ人に、古きよき時代に対する強いノスタルジアを感じさせるものだったからです。このような子供時代のことを思い起こさせる古いアメリカの町並みを再現することも、ウォルトがディズニーランドを作った大きな目的の一つでした。

これはマジック・キングダムとパリと香港のディズニーランドにはありますが、東京ディズニーランドにはありません。代わりに東京ディズニーランドにあるのは、**「ワールド・バザール」**（「メインストリートＵＳＡ」とはいいません）です。

これはアメリカの古い町並みにガラス張りの屋根がかかったものです。個々の家屋には一八××年と建築年がついていますが、ペンキの色も鮮やかで、もちろんレプリカです。メインストリートというよりはショッピング・センターのイメージです。ちなみに、ここが屋根つきなのは、ロサンゼルスのほうは一年を通じて温暖で晴天が多いのに対し、日本は梅雨があり、冬の寒さもあるからです。

私たち日本人がディズニーランドと聞いて連想する**「ビッグサンダー・マウンテン」**や**「スプラッシュ・マウンテン」**や**「スター・ツアーズ」**の存在も、ウォルトが最初に考えたオリジナル・ディズニーランドと現在のディズニーランドとのあいだの大きな違いです。

これらの人気ライドはウォルトの生前にはありませんでした。あとで詳しく話しますが、彼が生きていたら、作られていたかどうかもわかりません。

しかし、東京ディズニーランドの場合は、**「スペース・マウンテン」**が最初からありました。その後も**「ビッグサンダー・マウンテン」**や**「スター・ツアーズ」**などウォルトのオリジナル・ディズニーランドにはなかった、でも、現在とても人気があるライドが加わっていきました。

このように、私たちの東京ディズニーランドは、基本的なコンセプトも、見た目も、ウォルトが最初に作ろうと思いたったオリジナル・ディズニーランドとはかなり違ったものになっています。ウォルトが今日生きていて、東京ディズニーランドを見たら、目を丸くすると思います。

そういえば、東京ディズニーランドのパートナーズ像の前にある金属板の銘もオリジナル・ディズニーランドと違います。それは次のようになっています。

この幸せな場所を訪れる全ての人々へ

ようこそ

ここであなたたちは夢、おとぎ話、冒険、ロマン、西部開拓時代、宇宙、未来の魅力的な世界を見出すでしょう

東京ディズニーランドが世界中の人々の喜び、笑い、インスピレーション、想像の永遠の源泉になりますように

そして、この魔法の王国は、偉大な国家、日本とアメリカ合衆国の協力と友情の精神の永遠の象徴になるでしょう

一九八三年四月一五日

E・カードン・ウォーカー
ウォルト・ディズニー・プロダクションズ会長

この文はオリジナル・ディズニーランドのものをベースにしながらも、日米友好という要素を新たに加えていることがわかります。カードン・ウォーカーはウォルトとその兄ロイがこの世を去ったあと会社を引き継いだ人物です。

ディズニーランド・パリにも、ウォルトを驚かせるものがあります。このテーマパー

クにも**「アメリカ河」**にあたるリヴァーズ・オブ・ザ・ファーウェストがあり、**「蒸気船マークトウェイン号」**にあたる「モリー・ブラウン号」が走っているのですが、なんとこの川のなかに**「ビッグサンダー・マウンテン」**があるのです。アメリカや日本のディズニーランドならば、**「トムソーヤ島」**があるべきところです（ただしこれにあたる「アドヴェンチャー・アイル」は別の所にあります）。

これは、フランスでは、マーク・トウェイン原作の物語『トム・ソーヤーの冒険』の人気があまりないからだといわれます。ですが、まったく同じものを作るよりは、多少違うものにしたほうがいいという配慮からでしょう。

これはほんの一例です。

このようにウォルトの死後に作られたディズニーのテーマパークがオリジナル・ディズニーランドと違っているがゆえにこそ、ウォルトが最初ディズニーランドにどのような思いを込めたのか、その遺産を受け継いだものたちが、そのあとどのように変えたのかを私たちが知ることが大切になってきます。

それらを知ることで、私たち日本人は、東京ディズニーランドで、今までよりももっと多くのストーリーをつむぐことができるようになるからです。そして、今までよりもよくアメリカを知り、深く東京ディズニーランドを楽しむことができるからです。

「いや、そんなことはない。そんなこと知ろうと知るまいとディズニーランドの楽しさは世界中で同じだ。ましてやアメリカ人の思い浮かべるストーリーと日本人の思い浮かべるストーリーに深さの違いなどない」。そのようにおっしゃるかたも、まず次の章を読んでみてください。きっと考えが変わると思います。

＊本文中では、アメリカだけではなく東京ディズニーランドにもあるライド、アトラクション等についてのみ字体を変えて〔例：**「カリブの海賊」**〕、太字で表記しています。

第1章　ウォルトは何を作りたかったのか

基本コンセプトは

ディズニーランドはなんのテーマパークでしょうか。「もちろんディズニーのアニメーションや映画のテーマパークでしょ」という答えが返ってきそうです。

そうでしょうか。

たしかにディズニーランドのなかには、ディズニーのアニメーションや映画をテーマにしたアトラクションやライドがあります。でも、それらのほとんどはファンタジーランドとトゥーンタウンに集中しています。これらを足してみても、ディズニーランド全体の面積の四分の一ほどの広さしかありません。

たとえば、「メインストリートUSA」のなかの古い町並みや**「ビッグサンダー・マウンテン」**などは、ディズニーのアニメーション映画とも実写映画とも関係ありません。

トゥモローランドにあるものも、**「スペース・マウンテン」**や**「スター・ツアーズ」**など、ディズニーの映像作品とは関係がないものが多いのです。実はアトラクションの大部分は、ディズニーのアニメーションとも映画とも直接には関係がないものだといえます。

ディズニーランドのテーマはディズニーの映像作品だけではありません。また、ウォルトがディズニーランドを作ろうと思った動機からすると、これらは必ずしも最初にくるものではありませんでした。

では、ディズニーランドはなんのテーマパークでしょうか。ウォルトはどんな動機でこのテーマパークを作ったのでしょうか。結論をいえば、それは交通博物館のようなものだったといえます。というのも、ディズニーランドには、アメリカの交通を担ったさまざまな乗り物があるからです。

ウォルトは交通博物館を作りたかった

鉄道系としては、パーク内をめぐるサンタフェ鉄道（のちにディズニーランド鉄道に改名）、フロンティアランドの「レインボウ・カヴァーンズ・マイン・トレイン」のトロッコ、ファンタジーランドの「ケイシージュニア・サーカストレイン」、トゥモローランドのモノレール。

船舶系としては、「帆船コロンビア号」、**「蒸気船マークトウェイン号」**、**「トムソーヤ島」**への渡し舟といかだ。

アメリカのものではないものでは、アドベンチャーランドの**「ジャングルクルーズ」**の船、ファンタジーランドにある「ストーリーブック・ランド」のゴンドラ、交通手段とはいえないにしても、トゥモローランドにはロケットと原子力潜水艦などもありました。

これらのすべてがオリジナル・ディズニーランドのオープン当時にあったわけではありません。ウォルトが次々と加えていったものです。

しかし、その根底に、アメリカの歴史を担った交通手段、とくに鉄道と蒸気船を走らせるというコンセプトがあったことは疑いようがありません。

なかでも、オリジナル・ディズニーランド創造の物語の最初にくるものは鉄道です。そして、鉄道が文明の牽引車だったころの古きよきアメリカを再現し、その時代の精神を自分も振り返りたい、ゲストにも振り返ってもらいたい、というのがウォルトの動機でした。

ウォルトはオープニング・スピーチで「年配の人たちは過去の優しい思い出をもう一度経験し……」といいました。未来への希望よりも過去の思い出の方がスピーチのなかで先に来ていることに注意する必要があります。

そのときの思いつきでいったのではなく、ウォルトにとっては過去の思い出のよりどころを作るということのほうが先だったのです。テーマパークを考えたとき、彼の頭に最初に浮かんだのは、鉄道と駅に続くメインストリートでした。その次にくるのが、蒸気船を浮かべた川とその船着場に続く町です。

事実、彼はオリジナル・ディズニーランドをアナハイムに作る前に、ディズニー・スタジオに隣接する土地に「ミッキーマウス・パーク」を作ることを計画しましたが、このパークでも（敷地が狭かったとはいえ）その面積のほとんどが鉄道と川に占められていたのです。

ウォルトがこのプレ・ディズニーランドからすでに、アメリカの昔の交通機関とそれを土台にして栄えた町並みを再現し、アメリカ人に古きよき時代のアメリカを思い出してもらうことを意図していたということは注目していいでしょう。

三次元の世界を作りたかった

その次にくるウォルトの動機は、二次元のディズニーの映像作品の世界を三次元にしたいということです。表現者として彼は二次元の映像の限界を知っていました。どんなに映像作品が観客を感動させたところで、実際の体験には及びません。

これに対し、三次元の世界で見聞きしたものは、翌日の朝どころか、その年の終わりまで、人によっては一生、その細かい部分まで覚えています。

スクリーンの上で見た二次元の映像と三次元の世界で経験したものとは、心に刻まれる深さが違う。企業のために万国博覧会用のパビリオンを何度も手がけたウォルトは、これをよく知っていました。

ディズニー作品のように広くアメリカ国民に知られ、親しまれたものでも、それらを三次元のものとして陳列しておくショーケースが必要です。ただし、もとはアニメーションや映画なのですから、ただショーケースに並べただけでは芸がありません。

映画のように、さまざまなシーンのなかにディズニー作品のハイライトやアメリカの一時代の風物を象徴するようなものがあり、その連続が、あるストーリーを構成しているという風にしたいものです。

なんといってもディズニーは、オリジナル・ディズニーランド建設当時、アメリカでも最大手の映画会社の一つだったのですから。そして、ウォルトはそのようにしました。あとで詳しく述べますが、ファンタジーランドにディズニーの長編アニメーションをテーマにしたアトラクションを作るとき、ウォルトはディズニー・スタジオのアニメーターをあまり動員できませんでした。

アニメーターたち自身があまり乗り気ではなかったうえに、彼らの所属するディズニー・スタジオとＷＥＤは別会社だったからです。ＷＥＤとは、ディズニーランドを企画し、建設するためにウォルトが個人的に作った会社で、ディズニー・スタジオの正式の社名ウォルト・ディズニー・プロダクションズと区別するためにウォルター・エライアス・ディズニー（Walter Elias Disney）の頭文字だけをとって社名としたものです。

そこで、ウォルトは何人かのアニメーターにわざわざディズニー・スタジオをやめさせてから、ＷＥＤに入れました。

しかし、たとえばＷＥＤで**「ピーターパン空の旅」**作りに参加したアニメーターは、『ピーター・パン』のアニメーションを描いていたアニメーターではありませんでした。

むしろ、キャラクターよりも背景を描き、家や町のセットや実物模型を作っていたアーティストが多かったのです。彼らの多くは、建築関係者でした。

科学技術が築く明るい未来を見せたかった

その次にくるウォルトの動機は、アメリカの科学技術の素晴しさと、それがもたらす明るい未来をアメリカ人に見せ、希望を与えたいということです。

ウォルトはこう信じていました。科学技術の進歩がアメリカを世界に冠たる超大国に押し上げ、さらに大いなる未来を切り開こうとしている。アメリカ人の行く手は希望に満ちている。彼はこのような「進歩への信仰」を同年代のアメリカ人と共有していました。

このようなアメリカ人のなかには、万国博覧会にパビリオンを出展してきたアメリカの大企業のトップもいました。アメリカの大企業ですから、軍事産業も含みます。彼らが企業パビリオンでいいたかったこともウォルトと同じです。

しかし、万国博覧会のパビリオンはいかに巨額の資金を使って作っても、期間が終わると取り壊さなければなりません。この点、ディズニーランドに開催期間はありません。

つまりディズニーランドに企業パビリオンを作れば、それは「常設の万国博覧会パビリオン」となるのです。

ウォルトはこのことを十分意識していました。つまり、この考え方をディズニーランドに盛り込むなら大企業から巨額のスポンサー料を出してもらい易くなるということです。

ディズニーランド、とくにトゥモローランドのアトラクションは、初めからアルミニウムや化学製品や石油などの会社のスポンサーがついていました。そして、アメリカ政府、アメリカ軍、軍事産業複合体もそこに加わっていました。彼らはこれらのアトラクションを作る資金を出し、スポンサーになってくれました。

軍事産業と聞くと眉をひそめる人もいるかもしれません。ですが、アメリカでは科学技術と軍事技術とは表裏一体です。科学の開く未来は、軍事力がその根幹をなしています。軍事的優位こそ、安心で明るい明日を保証してくれるという考えは一般的です。

ディズニーランドは、冷戦期のアメリカの軍事的ヴィジョンと無関係ではありません。それはまた、他の多くのアメリカ人と同じく、ウォルトが描く未来でもありました。

ですから、必ずしもウォルトはお金のために魂を売り渡したわけではありません。のちにウォルトは「常設の万国博覧会パビリオン」どころではなく、パーク全体が「常設の万国博覧会」になっているものを建設しました。

フロリダにあるディズニー・ワールドの二番目のテーマパーク、エプコット（EP-COT：The Experimental Prototype Community of Tomorrow）のことです。ただし、このプランを作ったのはウォルトですが、完成したのは一九八二年で、彼の死後一六年目のことになります。

ウォルトはオリジナル・ディズニーランドを作るにあたって、お金を集めることに非常に苦労しました。それゆえに資金の問題を乗り越えなければ、自分の名前のついたテーマパークを建設するという夢はかなわないことをよく知っていたのです。

オリジナル・ディズニーランドがなんであるか、なんのテーマパークであるかを理解するうえではこういった動機を理解することが必要でしょう。ほかにももっと細かい動機を挙げることもできますが、それらはみなこれらと重複するか、さもなければ関連しています。もちろんこれらの動機がどのくらいまで反映されたか、ほかの要素とどのくらい結びついているかで、それらの表われ方は違ってきます。

しかし、ウォルトが存命中にディズニーランド内に作られたものはおろか、彼の死後に付け足されたものも、ほとんどはこれらの動機で説明がつくといえるでしょう。動機とは、いいかえるならば、ウォルトがオリジナル・ディズニーランドを作った意図であり、ゲストに伝えたかったメッセージだともいえます。

さらにつきつめるなら、それらはウォルトが生前ディズニーランドによって語ろうとしているストーリーだということになります。ゲストがそのストーリーを頭に思い描くことができたとするなら、ウォルトの想いは伝わったのです。

以下第2章から第5章まで、ウォルトがなぜこのような動機を抱くようになったのか、それらの動機がディズニーランドにどのように反映されることになったのかについて見ていくことにします。そのあと、第6章では、創造主ウォルトが亡くなったあと、このテーマパークがどのように変化したのか、そして終章では、その変化が私たちの東京ディズニーランドにどのように反映されて現在に至っているのか、たどってみたいと思います。

こうすることでディズニーランドの過去の歴史を振り返り、このテーマパークの未来を見通してみるということが本書のめざすところです。

第2章　流浪するディズニー一家

初めに鉄道ありき

繰り返すことになって恐縮なのですが、ウォルトのオープニング・スピーチのなかに「年配の人たちは過去の優しい思い出をもう一度経験し……」という部分がありました。この「もう一度経験し」という部分は、英語では“relive”となっています。直訳すると「生き直す、もう一度生きる」ということです。つまり、「追体験する」とか「思い出す」とかといった情緒的な軽い意味ではありません。もっと重い、ウォルトのようなおじいさんになりかけの人間の切なる願いがこもっているのです。

ウォルトがこのテーマパークを計画したとき、彼の頭の中にあったのは、彼および彼と同時代のアメリカ人が、開拓時代を中心とするアメリカの象徴的シーンを機関車に乗ってめぐっていき、それによって過去を「生き直し」、明日に向かっていく気力を取り戻す機会にしたいということでした。

だからこそディズニーランドには、パークを一周する鉄道があるのです。パークへの入り口こそこの駅の横にありますが、パーク全体の構造としては、ディズニーランドは入り口のそばのこの駅を基点とする円になっているといえます。

ディズニー・ワールドに作られたマジック・キングダムにもこのような鉄道がありま す。こちらは正面入り口と一緒になっていますので、鉄道とテーマパークの一体感は強いといえます。ゲストはこの鉄道を使って、この起点から、四つの国、フロンティアランド、アドベンチャーランド、ファンタジーランド、トゥモローランドのどの国にも行けるようになっています。

鉄道はディズニーランドの枠組みであり、骨格です。

しかし、ウォルトはなぜこれほどまでに鉄道に思い入れがあったのでしょうか。

それを説明するために、ディズニー一家と鉄道のかかわりの歴史を紹介したいと思います。そして、これはディズニー一家のストーリーだけれど、中西部や西海岸に住み着いたかなり多くのアメリカ人にも当てはまることだということを断っておきましょう。

アイルランドからやってきた祖父

話をウォルトの祖父ケプルから始めましょう。ケプルはアイルランドの農家に生まれました。この国の土地はジャガイモくらいしかとれないといわれるほどやせていました。また、その一方で国民の大部分がカトリック教信者で子沢山です。そこで多くの農民が土地を求めて新大陸に移民することになります。

ケプルは父のアランデル・エライアス・ディズニーに連れられて、ほかの家族とともにイギリスのリヴァプールから船にのり、ニューヨークにつきます。そこから、船を乗り換えてさらにカナダに向かいオンタリオ州のブルーベールに落ち着きました。

この町は五大湖のひとつヒューロン湖の湖岸にあり、カナダとはいっても、ナイアガラの滝で有名なバッファローや重工業で有名なデトロイトなどアメリカの都市からそんなに離れていません。

やがてケプルはやはりアイルランド系移民のメアリー・リチャードソンと結婚して独立し、移民会社からブルーベールの四〇ヘクタールの土地を安く買いました。

一八五九年、ここで生まれた長男・エライアスが、ウォルトの父にあたります。ケプルの土地は広大でしたが、なにしろ原野でした。しかも、気候は寒冷で、子供も増えてなんと一一人を数えるようになります。当然、生活は苦しくなってきます。

そこで一八七八年、ケプルは長男のエライアスと次男のロバートを連れてカリフォルニアに金鉱探しに出発します。このことから一家は生活にかなり困っていたことがうかがえます。というのも、カリフォルニアのゴールド・ラッシュは、そのときに押し寄せた人々を「フォーティーナイナーズ」と呼んだことからもわかるように、一八四九年あたりが最盛期でした。つまり、この時点ではブームが終わってもう三〇年近くも経っていたのです。

一家はアメリカ中西部へ

カリフォルニアに行く途中、三人がアメリカのカンザス州のエリスという町までさしかかったとき、ユニオン・パシフィック鉄道の代理店の人が彼らに土地購入の話を持ちかけてきました。

おそらく、道中で出会った人々から、今ごろになってカリフォルニアに金探しにいくことの無意味さを説きつけられたのでしょう。彼らはそれ以上西に向かうことをあきらめ、八〇ヘクタールの土地を購入することにします。

なぜ鉄道会社が移住者に土地を売るのかというと、この会社は新しいアメリカ大陸横断鉄道を敷設するのと引き換えに、州や郡や地区から土地を譲り受けていたからです。

土地は、いかに広大で資源が豊かでも、それだけでは意味がありません。鉄道などの輸送の手段がなければ、そこでなにがとれようと、そこでとれるだけ、そこにあるだけで、基本的に自給自足の生活になってしまいます。そこにあるもの、あるいは生産したものを消費地に運び、高い値段で売ることもできません。したがって、富を蓄えることもできません。

鉄道は魔法の杖です。この一振りでほとんど無価値の原野は、無限にお金を生み出すキャッシュマシーンに変わるのです。

中西部の自治体が土地を差し出してもユニオン・パシフィックに鉄道を敷いてもらいたがった理由はこれでした。

そして、このため鉄道会社は鉄道が延びるたびにただで広大な土地を手に入れ、それを現金化するためにケプルのような移住者に安く売ったのです。

エリスに買った土地は、まったくの原野ですから、広いとはいえ、多少耕作したブルーベールと比べてそんなにいいというわけではありません。でも、大きな利点は鉄道沿

図1　ディズニー一家は全米を放浪した

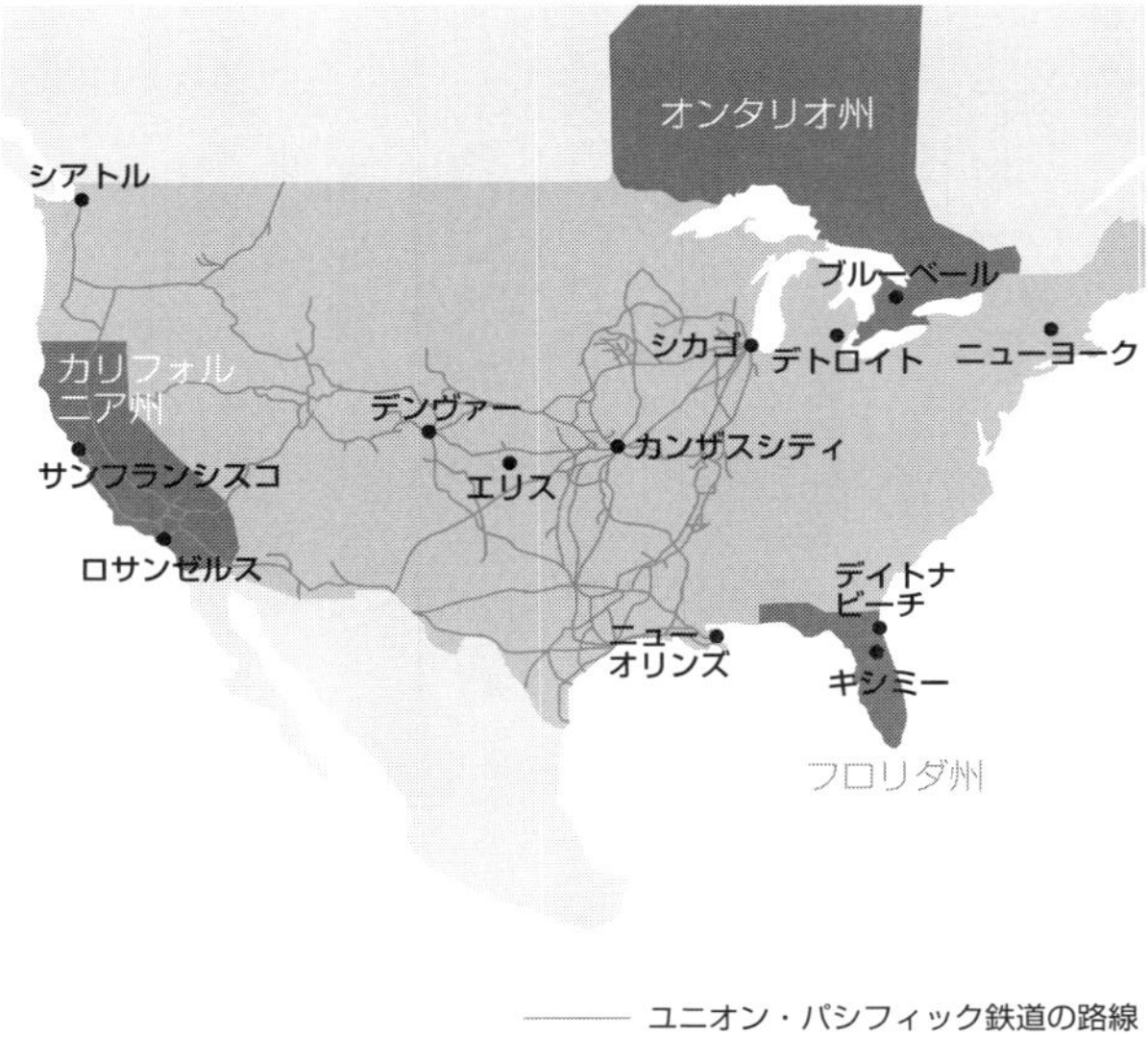

いにあるということです。農業がうまくいったときはもちろん、うまくいかなかったときでも買い手を見つけやすいということがあります。

ケプルはここに定住することを決め、ブルーベールから家族を呼び寄せます。

エライアスは西部を目指す

ところが長男のエライアスはこの決定に、どうもしっくりこないものを感じます。彼はカリフォルニアへ金をさがしに行きたかったのです。

もうそこには金などないでしょう。行く手にどんな困難や危険が待ち受けているかわかりません。ですが、彼は、生まれてはじめて故郷を離れて、いままで見たこともない土地を旅したのです。ブルーベールでの日々が厳しく、つらく、そして死ぬほど退屈だっただけに、この旅はエライアスにとって心躍るものでした。

もっと旅を続けたい、とにかくカリフォルニアまで行ってみたいと思っていました。その弾んだ気持ちが、中途半端な形でしぼむことになってしまったのです。

それでもしばらくは父を助けて農業をしていましたが、それに満足しなかったのでユニオン・パシフィック鉄道で働くことにしました。そして、西に向かって鉄道を敷設する班に入りました。ボブ・トマスが書いた伝記『Walt Disney:An American Original（ウォルト・ディズニー）』によりますと、この班で彼は「見習い大工」をしたということになっています。

なんの技術も知識もないエライアスのことですので、おそらく枕木を作ったり、作業員の住居となる掘っ立て小屋などを建てたりしていたのだと思います。

この鉄道はコロラド州デンヴァーまで開通しました。デンヴァーはロッキー山脈の高地にありますから、さぞかし難工事だったでしょう。でも、建設工事はそこで終わりでした。エライアスはしばらくこの地で職を探しましたが、見つからず、しかたなく実家のあるエリスに帰りました。

フロリダまで追いかけ求婚

エリスに戻ったエライアスは、小学校で教えていたしっかり者の女性フローラ・コールに恋をします。

ところがフローラの父はカンザスの冬の寒さに嫌気がさしたので、一家でフロリダに引っ越すことにしました。すると、エライアスは、なんと父のケプルとともに父子でフロリダに同行したのです。

さすがにケプルはフローラ一家がフロリダのアクロンに落ち着くと、考え直してエリスに戻りましたが、エライアスは、驚いたことに、本当に近くのキシミーに土地を買ってそのままとどまりました。

ここまでされたフローラの気持ちはどんなものだったでしょうか。カンザス州エリスとフロリダ州アクロンの距離は、日本でいうと、だいたい北海道の稚内から沖縄の那覇までの距離です。

エライアスは自分の家族を捨ててまで、フローラの近くに留まったということですから、相当な想いだったといえます。それも一〇代の若者ならば、まだわかるのですが、エライアスはもう二八歳になっていました。

一八八八年、フローラはついにエライアスの求婚を受け入れて、二人は結婚します。フローラはこのとき一九歳。現在だと、かなり若いのではないかと感じるかも知れませんが、この当時では一〇代での結婚は普通でした。晩婚どころか、結婚さえしない現代とは違っていました。

若夫婦は近くのデイトナビーチに居を構え、いろいろなことをしてお金を作ったのち、オレンジ農園を買いました。そして、その年のうちに二人の間には長男、ハーバートが生まれました。

シカゴへ、そしてマーセリンへ

ところが、翌年、この地方には稀な寒さでオレンジ畑が全滅し、おまけにエライアスがマラリアにかかってしまいました。やはり自分には熱帯の気候は合わないのだと思い始めた矢先、シカゴでコロンビア万国博覧会が開かれるので建築関係の人間を求めているということを聞きました。

エライアスはユニオン・パシフィック鉄道で「見習い大工」をしていたので、いいチャンスだと思い、シカゴに引っ越しました。シカゴは話に聞いた通りで、万国博覧会ブームにわいていました。

エライアスは博覧会関係の建設の現場で働き、かなりの収入を得ました。十分な元手を得るとエライアスは独立して建築請負業を営むまでになります。

そして、シカゴ市内のノースウェストタウンという町に小さな家を建てました。次男レイモンド、三男ロイ、そして四男ウォルト、長女（末っ子）のルースはこの家で生まれました。おそらくエライアスの人生でこのシカゴの一七年間はもっとも幸せな時期だったでしょう。

万国博覧会も終わり、ブームが去ると、建設の仕事も潮が引くようになくなっていきました。そこで、エライアスはノースウェストタウンの家を売ってミズーリ州マーセリンに二〇〇ヘクタールの土地とそこに建てられた比較的大きな家を買いました。

なぜ、マーセリンなのかというと、アチソン・トピカ・アンド・サンタフェ鉄道(以下サンタフェ鉄道と呼びます)がカンザスシティとシカゴを結ぶルートとしてここに鉄道を通すという情報を得ていたからです。エライアスはその情報を弟のロバートから得ました。

この弟は父から独立してこの地にすでに住み着いていて、二〇〇ヘクタールもの農地を手に入れていました。エライアスやフローラのほかの親族もこの周辺に住んでいました。

フローラの義理の兄マーク・マーティンもサンタフェ鉄道の機関士でフォート・マディソンとマーセリンの間の機関区を受け持っていました。

ウォルトはディズニーランド内を走る鉄道をサンタフェ鉄道と名づけました。マーセ

図2　アチソン・トピカ・アンド・サンタフェ鉄道の路線図

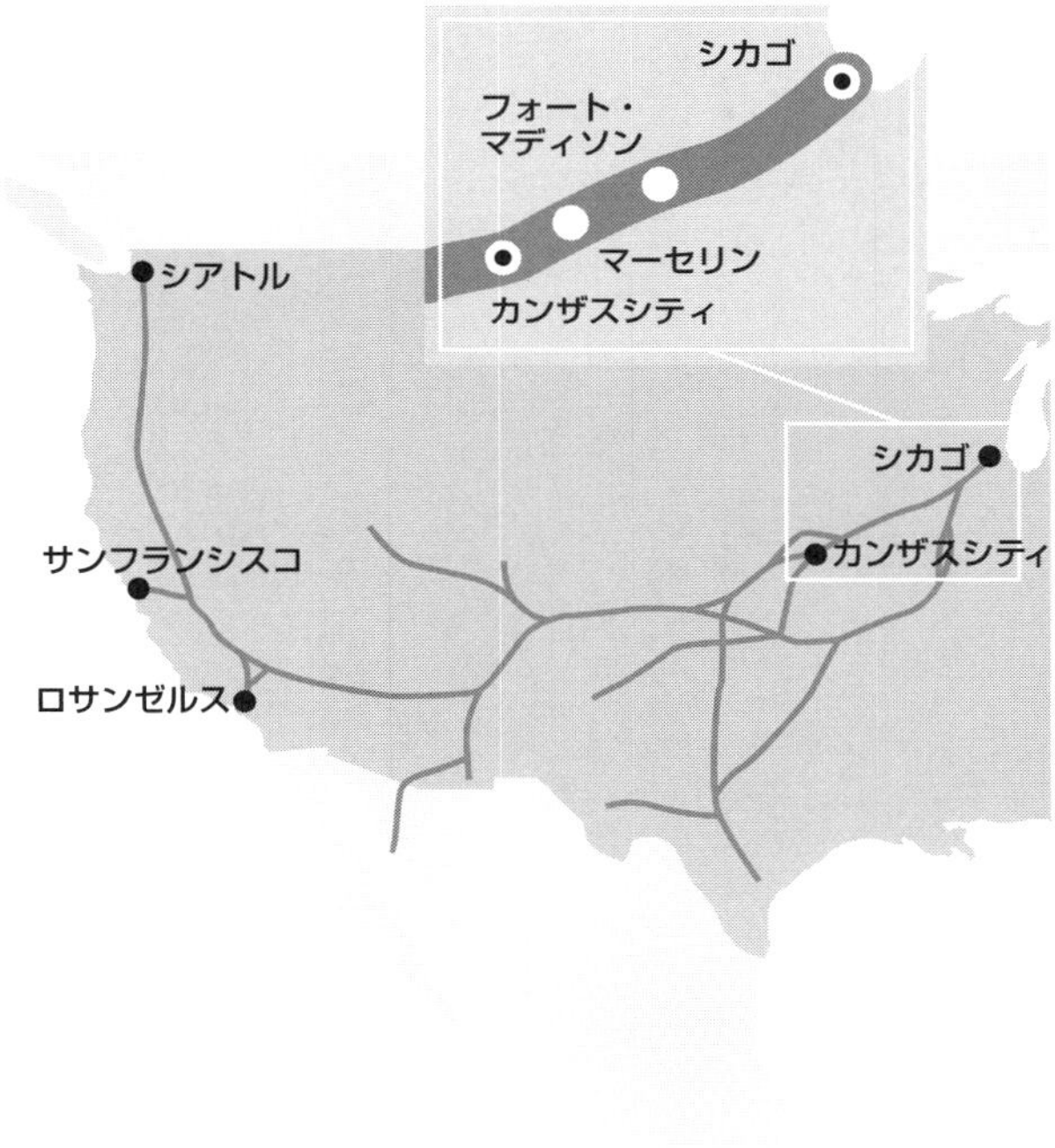

リンを通っていたサンタフェ鉄道をモデルにしたのです。

ちなみにマーセリンという駅名の由来には諸説あり、鉄道会社の取締役の娘の名だという説のほかに、取締役の妻の名という説や最初の定住者の子孫の名だという説もあります。大して昔のことではないのに、はっきりしないというのも不思議ですが。

マーセリンと汽車

私はマーセリンに何度か行っていますが、飛行機と高速道路が主要な交通手段になっている今日では、かなり不便な場所だといわなければなりません。

主要空港があるカンザスシティ郊外から車でセントルイスに向かうハイウェー七〇号線を一時間ほど東に走り、この幹線道路から出てほとんどは片側一車線の道路を右に折れたり左に折れたりしながら二時間ほどいかなければなりません。

現在のアメリカでは鉄道などめったに使わないので、感覚としては陸の孤島です。現在マーセリンには貨物列車は止まりますが、旅客列車は止まりません。乗客は隣駅のラ・パラタで乗り降りしなければなりません。

ウォルトが住んでいたときも、鉄道さえなければ、マーセリンはところどころ家と耕作地がある緑の大平原のなかの孤島だったと思います。二〇世紀のはじめに、このような田舎町に住む子供たちにとって、汽車がどんな存在か、どのように見えるかを想像することは、新幹線と高速道路の時代に生きている日本人には難しいことかもしれません。

ウォルトはマーセリン時代、よく線路に耳をつけて汽車が近づいてくる音を聞いたといいます。そして、汽車がやってくるとちぎれんばかりに手を振ったそうです。伯父のマークがのっていると手を振り返してくれるからです。

ウォルトにはそれがうれしくてなりませんでした。このマーク伯父さんはときどきキャンディーをお土産に家を訪ねてきてくれました。

当時、このような田舎町では、子供は大人と一緒に農作業をするのがふつうでした。毎日の労働は厳しく、かつ単調なものです。また、現在のようなテレビやテレビゲームといった娯楽はなく、お菓子といっても、あるのはキャンディーくらいで、それもめったに口にすることができませんでした。

当時の子供たちにとって汽車を見ることは楽しみでした。鉄道はいつもなにか新しい、よいものを持ってきてくれるからです。そして、まだ見ぬ世界、未知の世界とつながっているからです。

朝まだきの静寂のなかで、遠くから汽車の音が聞こえてくる。近づいてくると汽笛がなる。そして、その音が遠ざかり、また静寂がもどる。

そんな朝をウォルトは毎日迎えていたのです。

彼はのちに汽笛に異常な執着を示すのですが、それはこの思い出のせいもあったのでしょう。いつの日か、つらく単調な農業労働の日常から抜け出したい、そしてまだ見ぬ世界へ出て行って未来を切り拓きたい、そう願う子供たちにとっては、鉄道は未来と希望のシンボルでした。汽笛はそれらが近づいてきているというシグナルだったのです。

ウォルトや兄にとってだけでなく、父エライアスにとっても、いやエライアスにとってはなおさら、鉄道はそのようなものだったのです。

さて、エライアスの人生の常として、このマーセリンでの生活も長続きしません。長男ハーバートと次男レイモンドはお金のことで父といさかいを起こして家出してしまいました。長い話を短くすると、ハーバートとレイモンドが叔父のロバートの農場でアルバイトして貯めたお金で懐中時計を買おうとしたところ、エライアスがそのお金は一家の借金の返済に充てるのでよこせといったので、すっかりいやになってしまったのです。それほど、家は貧しくなっていました。

ついにカリフォルニアへ

人手がなくなったところに、エライアスが腸チフスにかかってしまい、回復後も体力が戻らず、厳しい農作業ができなくなってしまいました。

いまや五人になった一家は、マーセリンの土地を売り、サンタフェ鉄道の中継点になっているカンザスシティに移り、そこで新聞販売店を始めます。一家の生活はここでも楽ではなかったので、ロイとウォルトはさまざまなアルバイトをしました。

そのひとつがサンタフェ鉄道の社内販売の売り子でした。ウォルトはこれをロイから引き継ぎましたが、いろいろトラブルにあい、あまりお金にはなりませんでした。でも、汽車にたくさん乗れたということが、ウォルトにとっては喜びだったようです。

その後もエライアスは、シカゴに戻ってゼリー工場の権利を買って工場長になったりします。この二度目のシカゴ時代に、今度はウォルトが父と喧嘩して家出してしまいました。

ウォルトは、カンザスシティの銀行に就職して窓口係になっていたロイを頼りました。ロイは勤め先の銀行と取引があったペスメン・ルービンという広告会社の仕事をウォルトに紹介します。

ここでウォルトは、アブ・アイワークスやそのほかのアニメーターと出会い、やがてニューマンズ・ラッフォグラムというアニメーション制作会社を起こしました。

この会社がいろいろな経緯のあとで倒産したあと、ウォルトは西に向かいます。そして、カンザスシティのユニオン・ステーションから汽車に乗りロサンゼルスのユニオン・ステーションに降り立ちます。

そこで再起して、ロイと一緒にディズニー兄弟スタジオを始め、ミッキーマウス・シリーズなどによって成功の階段を一気に駆け上がっていくのです。

カンザスシティでアニメーション事業に失敗したとき、ウォルトが鉄道で、東ではなく西に向かったというのは興味深いことです。というのも、当時アニメーションの本場はニューヨークでした。ハリウッドはあくまで映画の都で、アニメーションのスタジオなどなかったのです。

やはりウォルトはカリフォルニアを目指したエライアスの子だったということでしょう。エライアスはデンヴァー止まりでしたが、ウォルトはついにカリフォルニアに達しました。そして、映画の世界で兄のロイとともに、途方もない金鉱を掘り当てるのです。

父やおじいさんの夢を彼らがかなえたのです。

このように鉄道はディズニー一家のアメリカ国内での移動や生業と深く関係していました。人生の重要な一コマ、一コマに鉄道がかかわっていました。いえ、かかわっていたというレベルを越えて、人生そのものだったのです。

ディズニー一家だけではなかった

もっとも、このような話はディズニー一家に限ったことではありません。ウォード・キンボールの一家についてもいえます。キンボールは『ピノキオ』でこおろぎのジミニーを手がけたディズニー・スタジオの幹部アニメーター。教養も高く、外国のアニメーションにも興味を持っていて、のちに日本の手塚治虫などとも親交を結びます。

キンボールの祖父はカンザス州とミズーリ州とテキサス州を走っていたミズーリ・カンザス・テキサス鉄道（ＭＫ＆Ｔ）の顧問弁護士でした。この祖父は、鉄道関係の仕事をしながら、一つ一つ出世の階段を上がっていって、顧問弁護士にまでなったのです。

キンボールの父も、この鉄道の株をかなり所有していました。したがって、彼はミズーリ・カンザス・テキサス鉄道に対し、自分の鉄道だという気持ちを持っていました。

それは息子のキンボールにも伝わりました。『Walt Disney's Nine Old Men（ウォルト・ディズニーの九人の侍）』という本にはキンボールの子供のころの写真が載っていますが、それを見ると、彼がブリキの汽車にひもをつけて引いているものが何枚かあります。後で述べるように、彼は大人になってから、ウォルトも手に入れることができない開拓時代の機関車を三両も手に入れました。これも、祖父や父が鉄道関係者にもっていたコネのおかげでした。

当時は多くの人が鉄道と深く関係する人生を送ってきました。とくに中西部や西海岸に長く住んでいる人々は、大なり小なり鉄道と関わって生きてきたといっていいでしょう。こういった人々こそ、ディズニーランドの潜在的ゲストでした。ウォルトの鉄道に対する思いは、ほかのアメリカ人の多くも共有できるものだったのです。

思い出の町並み

鉄道と並んでウォルトの思い出のなかで重要なのは「メインストリートＵＳＡ」です。この「メインストリートＵＳＡ」はかなりの曲者です。この町並みはウォルトが子供時代を過ごしたマーセリンのメインストリートに由来する、あるいはそのイメージを復元

実際のマーセリンのメインストリート（撮影・著者）

したといわれています。

しかし、私は、これは大いに疑問だと思っています。前にも述べたように、私は何度かマーセリンに行ったことがあります。そのたびに思うのは「メインストリートＵＳＡ」がマーセリンのメインストリートと似ていないことです。

私は最初、実際は似ているのだけれど、なにかの原因で似て見えないのだと思いました。そして、なぜ似て見えないのかいろいろ理由を考えました。

たとえば、「メインストリートＵＳＡ」はその向こうに広場があり、それぞれの国へいく通路があり、「眠れる森の美女の城（マジック・キングダムの場合はシンデレラ城）」がそびえたっているが、現実のマーセリンのメインストリートにはこういったものがないからだとか。

「メインストリートＵＳＡ」のそれぞれの店は、開園当初とはすっかり変わり、町並みも変わっているが、マーセリンのメインストリートのほうも、ディズニーランドの開園以来、時がたつうちに変わってしまったからだとか。

この二つの原因の両方とも当てはまるだろうと思います。しかし、これらのことを割り引いてもなお、「メインストリートＵＳＡ」とマーセリンのメインストリートは、初めから本質的に違っていたと私には思われるのです。しかも、アメリカの田舎町には、マーセリンのメインストリートよりもよほど「メインストリートＵＳＡ」によく似たメインストリートを持つ町がいくつもあるのです。

メインストリートは心象風景

ミズーリ州やカンザス州の鉄道町（鉄道が通って町ができたために、駅付近に長さ五〇メートルほどのメインストリートがある町）はもちろんのこと、サンフランシスコやロサンゼルスの郊外の鉄道町にも、「メインストリートＵＳＡ」によく似た町並みのメインストリートがあります。アメリカの中西部や西海岸の田舎を旅したことのある人なら「いや駅のない町も大体同じようなメインストリートがあった」というかもしれません。

たしかに、「メインストリートＵＳＡ」に似たメインストリートは、アメリカのいたるところにあるのです。アメリカの小説家シンクレア・ルイスの代表作に『本町通り』という小説があります。原題はまさに「Main Street」。これはアメリカならどこの町にもありそうなメインストリートに集まる人々を描いています。この人たちは視野が狭く、自分たちの考えに凝り固まっていますが、それがいかにもアメリカ人らしいのです。

メインストリートは、どこもあまり変わりばえしません。でも、そうだからこそメインストリートはアメリカ的だといえます。簡単にいうと、メインストリートはこのような町に住んでいた人はもちろんのこと、住んでいなかった人にも「ああホームタウンに帰ってきたな」、「ああ、なつかしいな」と思わせるようなところなのです。

ウォルトの頭の中にあったメインストリートは、物理的なものではありません。過去にあったものでも、現在実在するものでもありません。それは記憶のなかの心象風景です。そして、アメリカ人ゲストの集団的記憶を呼び起こすものであればいいのです。

したがって、物理的ディテールが、似ているか似ていないかは問題ではありません。ディズニーランドにやってくるゲストが一見して「ああ、ホームタウンだ」という印象を受ければいいのであり、それによって自分のホームタウンのこと、そこで過ごした幼いころのことを、ふと思い出せばいいのです。

そのためには、特定の誰かのホームタウンのメインストリートに似せる必要はありません。むしろ、特定の誰かのホームタウンのメインストリートそっくりではないが、あらゆる人のホームタウンのメインストリートとどこかしら似ているというのが理想なのです。

本物と似ていないほうがいい

私はウォルトが計算ずくでこのようにしたとは思いません。多分、彼が本能的にしたことでしょう。自分がウォルトだったらどう思うか考えてみるとわかると思います。

あなたは、アメリカはもちろんのこと、世界中でよく知られている有名人です。そして、世界中の人々に愛される映像作品を作り、とても尊敬されています。そのあなたのホームタウンを多くのアメリカ人、あるいは世界の人々に見せるとき、実物そっくりにするでしょうか。実物は、よその人、つまりノスタルジアで目が曇らず、しっかり現実を見ることができる人には、みすぼらしく、さえなく見えるものです。

あら探しをする意地悪な人はどこにでもいるものです。せっかく自分が名を知られ、尊敬されるようになったのに、こんなことでファンを幻滅させてもいいことはありません。そう考えると実物どおりに再現するのは愚かなことです。実際の故郷ならば、自分の都合で変えられませんが、オリジナル・ディズニーランドの「メインストリートUSA」は自由に変えられるのです。

ウォルトが「メインストリートUSA」をあまりリアルなものにしたがらなかったということは、デザイン担当のハーパー・ゴフが証言しています。『Walt Disney's Imagineering Legends（ウォルト・ディズニーのイマジニアリング・レジェンド）』によると、当初、ゴフがデザインしたのは、店の前に木道が付いた、かなり田舎町風の、リアルなメインストリートでした。おまけに、それはマーセリンというよりはゴフの故郷のコロラド州フォート・コリンズのメインストリートに似ていました。

木道とは、西部劇によく出てくるのですが、メインストリートを歩く人が、日光や雨を避けられるように上におおいのついた、また下は足にほこりや泥がつかないよう地面より高くなっている木でできた建物と建物をつなぐ通路のことです。

しかし、これではあまりにもひなびていて、あかぬけないので、これをとって、より華やかでモダンで都会的なものに変えたとのことです。

前にも述べたように、五〇代半ばにさしかかろうとしているウォルトにとって、ホームタウンはもはや物理的場所ではありません。記憶のなかの心象風景です。記憶、とくにノスタルジアは、あらゆる懐かしいものを美化します。実物どおりのもの、細部までリアルなものは、あまり私たちの記憶やノスタルジアをかきたてないのです。

ディズニーランドの「メインストリートUSA」は、人通りも多く明るくにぎやかです。歩いている人は、わくわくしていてみな幸福そうです。それは、くすんだ、暗いトーンの色に支配された実際のマーセリンとはまったく別の世界です。

ウォルトが「メインストリートUSA」でゲストに与えたかったノスタルジアは、未来への展望を開くためのもので、マイナス思考で過去の思い出に引き籠もらせるためのものではありませんでした。これが、「メインストリートUSA」がマーセリンのメインストリートと似ていない理由なのです。

オリジナル・ディズニーランド開園当時、五三歳になり、人生のたそがれを迎えている実業家の記憶のなかで、夕日の残照のなかに美しく照らしだされている、心象風景としてのメインストリート。それを再現したものなのです。

第3章　鉄道マニア、ウォルトの夢

陸の王者と水の女王

前の章で見てきたように、ディズニー一家と鉄道は密接な関係がありました。ウォルトにしてみれば、鉄道に乗って西部開拓時代の景色や風物を見ていくということは、三代にわたるディズニー一家の歴史を振り返り、その過去を「生き直す」ことでもあったのです。

この鉄道とは切っても切れないものがあります。それは蒸気船です。鉄道と蒸気船はアメリカの西部開拓においていわば車の両輪でした。機関車が陸の王者ならば、蒸気船は水の女王だったのです。

オリジナル・ディズニーランドを上空から見た写真やこのテーマパーク全体の略図を本やパンフレットやウェブサイトで見ることができますが、それを見ると川の部分は全体の四分の一以上を占めています。

ウォルトはここに人造の川**「アメリカ河」**を作り、そのなかに**「トムソーヤ島」**を浮かべ、**「蒸気船マークトウェイン号」**を走らせています。ウォルトが蒸気船を重視していたということは明らかです。のちに、ウォルトは蒸気船の船着場にニューオリンズ・スクウェアを加えてさらに充実させていきます。

なぜそうしたのかは、アメリカ最大の大河にして母なる川ミシシッピとそれを航行する蒸気船が、西部開拓にどんな役割を果たしたのかがわかれば理解できます。

それはまた、なぜマーク・トウェインの『トム・ソーヤーの冒険』や『ハックルベリー・フィンの冒険』がアメリカ人の心をつかんで離さないのかという説明にもなります。

そこで、この章では、まずウォルトの鉄道への思い入れがどのようにオリジナル・ディズニーランド建設に結びついていったのかということをお話しましょう。その次に、なぜウォルトはその鉄道とともに蒸気船を重視したのかを話していきましょう。

庭のなかの鉄道

そもそも、のちにディズニーランドと呼ばれることになるテーマパークのアイディアは、ウォルトがウォード・キンボールの自宅に招かれたときに始まりました。

キンボールは、一九三八年、つまり空前の大ヒットとなった『白雪姫』が公開された翌年に、ネヴァダ州の砂漠に打ち捨てられていた一八八一式の本物の機関車を手に入れていました。前述のように鉄道会社にコネがあったからです。値段は五〇〇ドルほど。当時は汽車もモダンになり、こういった西部開拓時代の機関車はもう使われていませんでした。

キンボールのようにそれに骨董的価値を見出す人はいても、それを自宅にまで持ってこようと考える人はあまりいませんでした。

したがって、この機関車はただの鉄くずとしてキンボールに売られたのです。彼の自宅はロサンゼルス近郊のサン・ガブリエルですから、購入費はほとんど運送代のようなものでした。その家は当時オレンジ畑に隣接していて敷地の面積は二エーカー。だいたい陸上四〇〇メートルトラックの内側の広さで、坪に直すと約二四五〇坪になります。

日本の基準で行くとかなり広大な敷地だといえますが、一九三〇年代のロサンゼルス近郊のオレンジ畑のそばという立地を考えますと、狭いとはいえませんが、とりたてて広いともいえません。

現在でもアメリカの中西部や西海岸で不動産のパンフレットを見ますと、大都市近郊の土地がエーカー単位で売られています。もちろん、都市の中心部から車で一時間前後かかるところで、住宅は建てることはできますが、いわゆる住宅地ではありません。いずれにせよ、キンボールはこの機関車の実物を自宅の敷地内に置き、これを修理し、きれいにしたあとで、短い距離ですがレールを敷いて、実際に走らせることにしました。これは気の遠くなるような時間を要する仕事です。部品の一つ一つを手入れし、だめになった部品は取り替えなければなりません。

しかも、車や自転車の部品ではないのですから、お店で売っているものではありません。どうしても必要となれば、専門の職人に作ってもらうか、さもなければ自分で作るしかないのです。

しかし、これはキンボールのような細かい手仕事を得意とし、鉄道が大好きな人間にとっては、それ自体が大変な楽しみでした。時間がかかればかかるほど、手間がかかればかかるほどマニアにとっては楽しいのです。

彼の同僚に、スタンフォード大学出身のインテリで、オリー・ジョンストンという男がいました。キンボールと同じく、「九人の侍」と呼ばれるディズニー・スタジオの幹部アニメーターの一人でした。他にこう呼ばれたアニメーターとしては、レス・クラーク、マーク・デイヴィス、ミルト・カール、エリック・ラーソン、ジョン・ランズベリー、ウォルフガング・ライザーマン、フランク・トマスがいます。

ジョンストンも熱狂的な鉄道マニアでした。というのも彼がまだ幼かった一九一五年、彼の両親は彼をサンフランシスコで開催されたパナマ・パシフィック博覧会に連れていってくれたからです。会場では、見物客を運ぶためにミニチュアの蒸気機関車が走っていました。ほかの多くの子供たちと同じく彼はこの機関車に夢中になってしまいます。

彼の鉄道熱はその後も冷めませんでした。そんなわけで、彼はキンボールと仕事の合間に、機関車談義に花を咲かせていたのです。

汽笛にはしゃぐウォルト

キンボールは、たまの日曜などに、実際に蒸気機関に火を入れて、自宅の庭で機関車を走らせていました。彼はこれをグリズリー・フラッツ鉄道と名づけました。

このことは、当然ながらウォルトの耳にも入りました。

前の章で見たように、ウォルトは、好きだとか、マニアだとかというレベルを越えた感情を鉄道に持っています。ウォルトはキンボールに機関車を見せてくれるよう頼みました。

ある日曜日、キンボールはウォルトを自宅に招いて、機関車に乗せました。ウォルトの伝記作家のレナード・モズレーにキンボールが話したときの表現では、ウォルトは「キャンディー屋に入った子供のように」喜んだそうです。

ウォルトやキンボールが子供のころの、つまり二〇世紀初頭の、アメリカの子供たちにとって、親が何かのついでに町のメインストリート（「メインストリートＵＳＡ」のような）にいったとき、そこにあるキャンディー・ストアに連れて行ってもらって、キャンディーを買ってもらうのが何よりの楽しみだったのです。

したがって、キンボールの表現はウォルトがどのように喜んだかをよく表しています。もっと味気ない言い方をすれば、「童心に返って喜んだ」のです。

ウォルトはとくに汽笛が気に入り、何度も紐を引いては鳴らし、大はしゃぎしました。「蒸気船ウィリー」や『ダンボ』の中の汽笛のギャグの場面を覚えているかたは、ウォルトがどのくらい汽笛に思い入れがあったかわかると思います。

その後もキンボールは友人を自宅に招いてはこの機関車を披露し、それを肴においしいお酒を飲み、話に花を咲かせました。

ふくらむウォルトの鉄道の夢

ウォルトはこの「機関車パーティー」がうらやましくてなりませんでした。しかし、金に飽かして探し求めましたが、キンボールのように運よく実物の古い機関車を手に入れることはできませんでした。

ウォルトとキンボールの間の関係には微妙なものがあります。ウォルトはスタジオの社長ですが、絵は描きません。カンザスシティにいた若いころには描いたのですが、その腕はキンボールの足元にもおよびません。

それにアニメーターとは、腕のいい職人のようなものです。雇われてはいますが、従業員とは違って雇い主に絶対服従ではありません。ほかのスタジオが自分の腕を高く買うなら、会社を移るということもあります。

実際、ディズニー・スタジオの幹部アニメーターのなかには、ほかのスタジオに引き抜かれたものはいくらでもいます。初代のミッキーマウスを描いたアブ・アイワークスがいい例です。

したがって、ウォルトはキンボールに一目も二目も置かざるを得ません。知識も教養もキンボールのほうが上です。でも、自分はすべてを取り仕切る制作統括者であり、かつアニメーション制作会社の社長なのです。

それなのに、自分は機関車を持っておらず、キンボールは持っている。このことを思うとウォルトはいつも心にさざなみが立つのを感じたことでしょう。いつかキンボールの上をいって、本物の開拓時代の機関車を、いかにも開拓時代を思わせるパノラマ的風景のなかで走らせることができる本格的なパークを作りたいとウォルトは思うようになりました。

戦争が夢を邪魔した

『白雪姫』の大成功があり、またそれに続く長編アニメーションの制作などで手狭になったので、ウォルトはバーバンクに土地を買って、当時としては珍しく空調設備を備えたモダンなスタジオを建てました。そして、機会があれば、それに隣りあった土地も買って、スタジオの事業に関連する建物や機関車を走らせるパークを作りたいと思いました。

しかし、当時時代の流れは悪い方向へ向かっていました。一九三九年、ナチス・ドイツがポーランドに侵攻し、ヨーロッパで戦争が始まってしまいました。ハリウッド映画産業は、この時点ですでに興行収入の半分を海外から得るグローバル産業になっていました。戦争によって海外から収入が得られないということは大打撃です。

やむをえず、ハリウッドの大手スタジオは、大規模な人員整理を始めました。これに対抗するためスタッフたちは組合運動を強化し、経営陣と激しく衝突するようになります。

ディズニー・スタジオも例外ではありません。むしろ、ディズニーの労働争議は世間の注目が集まるような激しいものになりました。

このためウォルトは精神的にすっかり追い込まれ、手を一時間に何度も洗わずにいられなくなるばかりか、顔面にはチック（ひきつり）を起こすようになります。それでも、組合をなんとか押さえつけ、政府の仕事を多く引き受けることで、戦時中を乗り切っていきました。

一九四五年に戦争は終わりますが、映画産業はなかなか立ち直れませんでした。アメリカ以外の多くの国が戦争のために荒廃していたので、これらの国々から上映収入が得られなかったからです。そのうちテレビの時代がやってきて、映画産業はさらに斜陽化することになります。

しかし、ウォルトはこの苦境をなんとか切り抜け、ディズニーを成長軌道にのせます。

鉄道熱の再燃

戦争が終わった翌年の一九四六年、「九人の侍」の一人、アニメーターのオリー・ジョンストンは、仕事から帰ったあとガレージに籠もってミニチュアの機関車を作り始めました。明らかにキンボールの影響です。もちろん、すべて手作りなので、完成するまでに長い時間を費やしました。それでも、一九四八年ころには次第に形を成してきました。

これを知り、ウォルトの戦争中に抑えられていた鉄道熱が再燃します。彼は同じ年に、キンボールを誘ってシカゴの鉄道博覧会を見に行きます。この旅がまた決定的な役割を果たしました。

二人はロサンゼルス近郊のパサデナから鉄道のスーパーチーフ号に乗ってシカゴを目指しました。キンボールの話によると、この日のウォルトは大はしゃぎだったそうです。

いつになく気前よく、食堂車でもメニューのなかで一番高いフィレ肉ステーキを頼み、キンボールが遠慮しているにもかかわらず、彼にも同じものを頼みました。

列車がアリゾナ州のウィンスローに着くとウォルトを有頂天にすることが待っていました。機関士がウォルトとキンボールを機関室に招き入れたのです。ウォルトとキンボールが乗車していることを知ったサンタフェ鉄道の社長エドワード・P・リプリー氏による特別な計らいでした。

汽笛を鳴らしてもいいといわれたので、ウォルトは小さな子供のように、何度も紐を引っ張りました。短く鳴らしたり、長く音が尾を引くように鳴らしたり、いろいろな鳴らし方をしました。

ニューメキシコのギャラップ駅でようやく客車に戻ったのですが、キンボールによると、ウォルトはもう恍惚として、頬がだらしなく緩みっぱなしで、視線は空中をさまよっていたそうです。まさしく、はしゃぎにはしゃいで、はしゃぎ疲れたときの小さな子供が見せる表情ですが、この時彼はすでに四〇代です。

シカゴに着けば着いたで、一生に一度見られるか見られないかという光景が二人の目前に広がっていました。アメリカ各地の博物館や公園から集められた蒸気機関車が会場を埋め尽くしていたのです。しかも、これらの機関車は一日に三回勢ぞろいして会場をパレードしました。

博覧会を主催したシカゴ科学・産業博物館のレノックス・ロアー会長は、ウォルトらを特別招待客扱いでもてなしました。彼らはここでも、名機関車として名高いトムサム号やデウィット・クリントン号やジョンブル号を実際に運転することができました。

さらに、彼らは催しものとして行われた鉄道に関する歴史的場面をベースにした劇にもコスチュームを着て参加しました。彼らはもう天にも昇る思いでした。

家に帰ってきたウォルトは妻のリリアンに、ため息とともにこういいました。

「あれはいままでの人生で一番楽しかった」

このあとすぐ、スタジオの機械関係の技師ロジャー・ブロギーに八分の一の縮尺の鉄道を作ることを命じます。そのモデルはセントラル・パシフィックの一七三型機関車でした。

そして、ウォルトはこの年の六月にホーンビー・ヒルズのキャロルウッド・ドライヴに引っ越した際、この自宅の五エーカーの敷地に、およそ八〇〇メートルの長さのミニチュアの線路をひきました。そして、この機関車を走らせました。

ウォルトはこの鉄道を自宅のある通りの名をとってキャロルウッド・パシフィック鉄道、機関車は妻のリリアンの名前をとってリリー・ベル号としました。

ミッキーマウス・パーク始動

この翌年の一九四九年、ウォルトは突如、部下にスタジオに隣接する土地を取得することを命じます。調べてみたところ、それはバーバンク市が所有する土地でした。そこで、ウォルトは公園用地としてこの土地を払い下げるようバーバンク市に要請しました。同時にウォルトはこの公園用地と近くにある公園、グリフィス・パークとを結ぶ鉄道の建設許可も申請しました。

ウォルトが何を考えていたのかはおわかりでしょう。つまり、のちにディズニーランドと呼ばれることになるものを計画し始めたのです。ただし、ウォルトはこの段階ではこのテーマパークを「ミッキーマウス・パーク」となづけていました。

ここで注目すべきことは、この「ミッキーマウス・パーク」では鉄道がかなり中心的な要素だったということです。パーク内を鉄道で一周できるようになっていただけでなく、それと少し離れたところにあるグリフィス・パークとも結ぼうと考えていました。

彼はこの発想をロサンゼルスの南にある都市サンディエゴの動物園から得ました。この動物園は全米でもトップクラスの規模ですが、とりわけ人気が高かったのは、園内をカートで回ることができる点です。

この動物園に限らずアメリカの動物園は広大なので、家族連れの人たちは、歩くだけで疲れてしまいます。ウォルトも大企業のために万国博覧会のパビリオンの製作を引き受けた経験から、この歩くという問題がネックであることを実感していました。鉄道はこの解決策でもあったのです。

もし、スタジオの隣接地に「ミッキーマウス・パーク」を付け足すだけだったとしたら、のちにユニヴァーサル・スタジオに作られるような「映画村」的なテーマパークができていたでしょう。つまり、映画スタジオ・ツアー、プラス、アトラクションです。

実際ディズニー・スタジオが出した申請では、バーバンク市から取得を希望している隣接地には「博覧会、展示場、遊技場、コミュニティー・センター、サーカス、美と魔法の展示場の要素を持つ施設」を建設するとなっていました。

ユニヴァーサル・スタジオとの違い

これ以前からハリウッド大手の映画スタジオは、有料で見学者にスタジオ・ツアーを提供していました。ガイドが見学者を引き連れて、スタジオのなかを案内して回るものです。

ディズニーランドのテーマパークのライヴァルであるユニヴァーサル・スタジオは、基本的にこのスタジオ・ツアーをコンセプトとして作られています。

スタジオ・ツアーだけでも、見学者、とくに映画ファンにはこたえられない楽しみですが、ウォルトはこれにさらに博覧会、展示場、アトラクションの要素を加え、それを鉄道で結ぼうと考えていたのです。鉄道がなければ、「ミッキーマウス・パーク」は、イメージとしてはユニヴァーサル・スタジオ、あるいはフロリダ州のディズニー・ワールドにあるディズニーズ・ハリウッドスタジオのようなものになっていたでしょう。

現在のディズニーランド（あるいはマジック・キングダム）とユニヴァーサル・スタジオやディズニーズ・ハリウッドスタジオの違いはとても大きいので、鉄道があるかないかは、パーク全体の構成にもかかわってくる決定的要素だったといえます。

鉄道がこのような決定的要素になった理由は明らかです。

すべてはウォルトの夢に求められます。その夢とは、大掛かりなテーマパークを作り、開拓時代の風景のなかで、開拓時代の本物の機関車を走らせ、それに実際に乗客を乗せて運行させて、キンボールに社長の意地を見せたかったのです。ホーンビー・ヒルズの自宅の敷地のなかでミニチュアの機関車を走らせるだけでは満足できなかったのです。ウォルトは「ミッキーマウス・パーク」に走らせる鉄道の参考にするために、キンボールを連れてサンフランシスコに近いロス・ガトスという町に行きました。そこにはパナマ・パシフィック博覧会で来場者を運んだミニチュア鉄道があったからです。子供のころのジョンストンが夢中になったものです。ウォルトもこの機関車が気に入りました。

ウォルトはそれ以外の機関車も見ようと、アメリカ各地の博物館を訪ねました。ところが、バーバンク市議会はこの土地のディズニーへの譲渡案を否決してしまいました。鉄道建設のほうも自動的に否決になりました。

ディズニーランドをアナハイムに

ウォルトは別な場所に敷地を求めざるを得なくなりました。そして、その土地探しをスタンフォード大学研究所に依頼します。

この研究所はロサンゼルスとその周辺の人口の動きや交通網の発達を勘案してアナハ

イムのサンタ・アナ・フリーウェイ沿いのオレンジ畑が用地として最適だと助言しました。ウォルトはこの用地を一エーカーあたり五〇〇〇ドルで、約一六〇エーカー買いました。

テーマパークの敷地を買収し、建設が始まると、ウォルトはキンボールに彼が所有している開拓時代の機関車を譲ってくれるように何度も頼みました。キンボールはこのころにはさらに二両の年代ものの機関車を手に入れていました。

しかし、キンボールはウォルトの要求を断りました。いささか大胆な行動にも思えるのですが、仮に売っていたとしても、ウォルトがそれを、パーク内を回る鉄道（のちにディズニーランド鉄道と名称が変わった）に使ったかどうかは疑問です。むしろ、これとは別の独立したアトラクションのなかで使っただろうと思います。

なぜなら、「メインストリートＵＳＡ」をはじめとして、ディズニーランドの建物や山や景色は縮尺を小さくしてあるので、機関車だけ実物のものを使ったら、パーク全体とアンバランスになるからです。したがって、ウォルトが気づかなかったとしても誰かが助言して使わせなかったはずです。

このようにウォルトはオリジナル・ディズニーランドを作るにあたって鉄道の存在に

徹底的にこだわりました。鉄道が交通の主役だったころの古きよきアメリカを再現し、そのなかで開拓時代の蒸気機関車を走らせたい。そのノスタルジアのなかで、おじいさんから自分にいたるまでの時代をもう一度追体験したい。それがこのテーマパークで彼がしたかったことなのです。

次第に重くなっていく責任やスタジオ内でのいろいろな摩擦のために神経をすり減らし、疲れ果てたウォルトが、明日に向かって進んでいくための気力を取り戻すためにも、それは必要だったのでしょう。だからこそウォルトはスタジオを破産させる危険をも顧みず、一七〇〇万ドルもの資金を各方面から借りたのです。

「ミッキーマウス・パーク」では蒸気船も主人公

蒸気船のほうに話を移しましょう。「ミッキーマウス・パーク」には、パークを一周する鉄道もありましたが、実は、蒸気船を走らせる川がパークの半分以上を占めてもいました。

つまり、「ミッキーマウス・パーク」についていえば、ウォルトは鉄道と同じくらい蒸気船と川も重視していたのです。

オリジナル・ディズニーランドではこの面積が四分の一強になります。でも、重要であることには変わりありません。これにニューオリンズ・スクウェアを加えたエリアはディズニーランドの一つの顔といってもいいと思います（ちなみに東京ディズニーランドには、ニューオリンズ・スクウェアはありませんが、ニューオリンズ風の街並みは再現されています）。

なぜ、ウォルトのテーマパーク計画のなかで蒸気船と川はこれほど重視されたのでしょうか。なぜ、鉄道建設だけで気が済まなかったのでしょうか。答えはアメリカの西部開拓において両者は強く結びついて一体のものだからというものです。

日本人にとって鉄道と蒸気船は別々のものに思われます。そもそも蒸気船など見たことはないし、それが人とものをたくさん積んで、海ならともかく川を走り回るなんて想像がつきません。日本は山が険しく平野が狭く、河川も短いからです。

これに対しアメリカでは大平原が中西部に広がっていて、ミシシッピ川やそれに連なるかなり大きな川があります。このため、一九世紀初頭のアメリカでは河川交通が大きな役割を果たしていました。

一九世紀なかごろになっても、河川交通は鉄道など陸上交通に役割を譲るというよりは、陸上交通と一体となって西部開拓を進めていきました。この両者が両輪となった時代が西部開拓の最盛期だったのです。したがって、ウォルトを初めとするアメリカ人のイマジネーションでは鉄道と蒸気船は切っても切れないものです。

河川交通と蒸気船について知ると、なぜマーク・トウェインの文学がアメリカ人の心の琴線に触れるのか、どのように触れるのか、また、なぜウォルトがオリジナル・ディズニーランドに**「アメリカ河」**を作り、**「蒸気船マークトウェイン号」**を走らせたのかがわかります。

そこで、このあとアメリカの中西部の河川交通について簡単に見て行きたいと思います。かつて私がミズーリ大学セントルイス校にいたとき、バドワイザーを飲みながら同僚の先生たちから聞いたアメリカ中西部史の講釈の受け売りだと思ってください。ちなみに、セントルイスはバドワイザーの本拠地です。

アメリカの河川交通

鉄道が導入される前は、交通機関の動力は馬などの家畜でした。しかし、馬や人間の力では、食料と移住のために必要なものと家族をのせて山脈を越えるのは、たとえそれが大して高い山脈でなくとも大変なことです。

アメリカ東部海岸と中西部の間にはアパラチア山脈がありますが、それを移住者たちが越えはじめるのは、アメリカに移住者がやってきてからおよそ一五〇年後のことでした。

一世紀半にわたって移住者たちはこの山脈の東側の沿岸部に閉じ込められていたのです。

ようやくアパラチア山脈を越えたあとは、ミシシッピ川をはじめとする大河などを行き来する船が重要な役割を果たします。

図3（次頁）でみればわかるように、一九世紀はじめまでに開拓された地域は、おおむねオハイオ川、テネシー川、アラバマ川、ミズーリ川の流域です。オハイオ川、テネシー川、ミズーリ川はミシシッピ川とつながっています。

一八三〇年代では、大まかにいうと、ミシシッピ川を挟んで東が開拓地、西が未開拓地になっていました。つまり、ミシシッピ川が開拓地と未開拓地を分ける、アメリカ史の専門用語でいうところの、フロンティアラインだったのです。

しかし、川は昔からあったのに、なぜアメリカ人は利用しなかったのでしょうか。一

図3　アメリカの河川

スペリオル湖
ヒューロン湖
ミシガン湖
エリー湖
ミシシッピ川
イリノイ川
ミズーリ川
カンザスシティ
セントルイス
カイロ
オハイオ川
テネシー川
クーサ川
アトランタ
アラバマ川
モービル
モービル川
ジャクソンビル
ヒューストン
ニュー
オリンズ
大西洋
メキシコ湾

九世紀の前半までまたずに、どんどん川を使って内陸に向かえばよかったはずです。

読者の皆さんはもうお気づきだと思いますが、これらの川はみなメキシコ湾に流れ込んでいます。ということは、メキシコ湾岸から内陸へ向かうと川を逆行することになります。

河口付近や十分な深さがあって流れが緩やかなところまでは、それまでの帆船のようなものでいけるでしょうが、その先は蒸気機関のような動力がなければいけません。

また海と違って川は、川底に岩があったり、川岸の岩がせり出していたり、川幅も深さも一定でなかったりします。洪水があると川が流れるコースがまったく変わってしまうということもしばしばです。大掛かりな土木工事をしてこれらの障害を取り除かなければ安全に通行できません。だから、時間がかかったのです。

それでも難所があるので、水先案内人が必要です。『トム・ソーヤーの冒険』や『ハックルベリー・フィンの冒険』を書いたマーク・トウェインは、作家になる以前、実際に水先案内をつとめていました。マーク・トウェインとは水先案内人の用語で「深さ二尋《ひろ》」つまり一二フィート（約三メートル六五センチ）という意味です。深さがこのくらいあれば、だいたい安全に航行できたそうです。

蒸気船と西部開拓

河川交通を一気に盛んにしたのは、蒸気船の登場でした。蒸気船はロバート・フルトンがヨーロッパからアメリカに導入しています。

一八〇七年にはハドソン川に定期航路を開きニューヨークから二四〇キロ離れたオルバニー（ニューヨーク州の州都）を結びました。一八一一年にはオハイオ川とミシシッピ川を航行してピッツバーグ（ペンシルヴァニア州）とニューオリンズ（ルイジアナ州）とを結ぶ航路もできます。

蒸気船時代の幕開けです。蒸気船による河川交通がアメリカの交通の主役になり、物流の大動脈になっていったのです。

なかでもミシシッピ川を走る外輪船は河川交通の花形であり女王でした。この外輪船の登場によってフロンティアラインはミシシッピ川を越えて急速に西に伸びていくことになるのです。その中心にセントルイスがありました。

セントルイスはミシシッピ川とイリノイ川とミズーリ川が合流する地点の近くにあります。河川交通の要衝だといえます。このため、シカゴに鉄道が通り、陸上交通と海上交通のターミナルになるまでは、セントルイスがアメリカ第二の大都市でした。蒸気船のおかげでミシシッピ川が内陸向けの物流の大動脈になり、商業と工業が栄え、人が集まったのです。

このセントルイスのシンボルは巨大なアーチです。その意味は「ゲート・ウェイ・トゥ・ザ・ウェスト」です。つまり、西部への入り口ということです。西部開拓者たちは、まずメキシコ湾側からミシシッピ川をさかのぼり、セントルイスなど沿岸の大都市に降り立ち、そこで移住のために必要なものをそろえて西部に向かったのです。「西部への入り口」とはそういうことです。

とりわけ鉄製品（農機具、大工道具、馬車、金物）は重かったため、大多数の開拓者たちは持ってくるというより、セントルイスなどの都市で買い揃えました。これが、中西部の都市で商業や工業が盛んになった理由です。

図3でみるとカンザスシティにも意外に早くフロンティアラインが達していますが、その理由も明らかです。この都市にはミシシッピ川とセントルイス付近で合流するミズーリ川が流れています。

カンザスシティは西部開拓の前線基地

セントルイスが西部開拓の砦だとすれば、カンザスシティはその先にある前線基地だったのです。カンザスシティは、オレゴン・トレイルの始点でした。オレゴン・トレイルとは開拓時代にカリフォルニアなど西海岸の土地を目指した人々が通った道のことです。

中西部と西海岸の間にはロッキー山脈がありますので、カンザスシティからまっすぐ西に向かうとこのアメリカ最高峰の険しい山脈を乗り越えなければなりません。

しかし、カンザスシティから北西部のオレゴンへ通じるルートは、大部分が大平原で比較的平坦なので、開拓者はまずオレゴンに到達し、そこから海岸づたいにカリフォルニアやワシントン（のちのワシントン州）を目指したのです。

西部劇ではよく、大平原を幌馬車が列を作って西に向かい、途中でネイティヴアメリカン（以前はインディアンと呼ばれていた）の襲撃を受けたり、自然の猛威にさらされたりするのを見ますが、あれはたいていオレゴン・トレイルを舞台にしています。

ウォルトは当然ながら、このオレゴン・トレイルには強い関心をもっていました。前に見たように、カンザスシティはウォルトが青春時代を過ごした都市です。そして、この町にはオレゴン・トレイルでの苦労話や冒険談を話す人がたくさんいたのです。

ウォルト少年はこのような「オレゴン・トレイル伝説」を町のおじいさんたちから聞かされて多感な時代を送りました。

ウォルトはオリジナル・ディズニーランドが開園する一年前から『ディズニーランド』というテレビ番組シリーズの制作を始めましたが、その最初のころに放送したものの中に、オレゴン・トレイルの歴史のことを詳しく紹介した「オレゴン・トレイル」がありま す。そのなかでホスト役のウォルトは、「自分はカンザスシティ出身で、オレゴン・トレイルの歴史はよく聞かされたし、今でも開拓者たちが残した日記を読むなど、強い関心を持っています」と述べています。重要なのは、このオレゴン・トレイルで西に向かう人の多くは、河川交通で、つまり蒸気船で、カンザスシティまでやってきたのだということです。

「蒸気船ウィリー」の舞台はどこか

ところで、ミシシッピ川沿いやミズーリ川沿いには「〇〇ランディング」という地名がたくさんあります。「ランディング」は辞書で引くと「荷上場」「埠頭」とでてきます。

でも、アメリカの中西部の感覚では、海でいうならば「ポート」、つまり「港」です。

実際、川ですし、蒸気船も東京ディズニーランドで見る**「蒸気船マークトウェイン号」**くらいの大きさですから、もっと大型の船が着く海の港のように大規模なものではありません。

この「ランディング」の様子をよく描いているのが、ディズニー初（アメリカ初ではありません）のサウンドトラック・アニメーションにしてディズニー・スタジオの躍進のもととなった一九二八年公開の「蒸気船ウィリー」です。もっともこの短編アニメーションも、同年に公開されていたバスター・キートン主演のサイレント映画『キートンの蒸気船』にインスピレーションを受けて作られました。

ウォルトが少年時代を過ごしたマーセリンはミシシッピ川からは遠く、川といえばイエロー・クリークという小さな川しかありませんが、次に移り住んだカンザスシティならば、ミズーリ川があります。

カンザスシティはミズーリ川の河岸に発達した都市だといっていいでしょう。当然ながら町のなかにはランディングがあります。それも、鉄道の駅の近く、つまり旧市街地の真ん中にあるのです。ただし、そこは市街地ですので、「蒸気船ウィリー」に描かれた牧歌的なものとはちがっています。モデルになったランディングがあったとすれば、もう少しカンザスシティの中心から離れたところにあるランディングでしょう。

いずれにしても、「蒸気船ウィリー」のなかの情景は、ウォルトが子供時代によく見たものというより、中西部のシンボリカルな、そしていくぶんノスタルジックな風物や景色を描いたものだといえます。そのほうがアメリカの観客にアピールすると思ったからです。

マーク・トウェインとミシシッピ川

このように河川交通が大動脈であり、蒸気船が花形だった時代はおおむね一九世紀の初めから中ごろまででしょう。一九世紀の中ごろから、そのあと二〇世紀の前半までは鉄道の時代だといえます。そのうち蒸気機関車の時代は、二〇世紀始めころまでです。一九世紀中ごろから後半までの西部開拓時代では、蒸気船と鉄道の時代は重なっていました。

このミシシッピ川の河川交通を下敷きとして文学の傑作を生み出したのがマーク・トウェインです。『トム・ソーヤーの冒険』、『ハックルベリー・フィンの冒険』等、代表作の魅力はなんといってもミシシッピ川の自然と、蒸気船でやってくる開拓時代の風変わりな人々の不思議な魅力にあります。

とくに後者は、しつけの厳しいダグラス未亡人のもとを逃げ出した野生児のハックが逃亡奴隷のジムと一緒にいかだでミシシッピ川を下って、イリノイ州の都市・カイロを目指すという筋なので、場面のほとんどがミシシッピ川の上で展開しています。カイロのあるイリノイ州は奴隷制を認めていないので、ジムはそこへいけば自由の身になれるのです。

しかし、彼らは霧の中でカイロを通り過ぎてしまい、よそ者のいかさま師に利用されたり、数々のトラブルに巻き込まれていきます。しかし、最後にはハッピーエンドで終わります。

マーク・トウェインは他に『ミシシッピ河上の生活』という前に述べた二冊のあいだに入る作品も書いています。こちらの本は、トウェインらしいほら話で味付けしてありますが、ミシシッピ川の河川交通の歴史を書いたものだといってもいいでしょう。

ウォルトが人造の川**「アメリカ河」**に蒸気船を走らせようと考えたとき、マーク・トウェインの名が頭に浮かんでくるのは当然だといえます。ウォルトでなくとも、アメリカ人ならば、ほとんどの人が同じ連想をするからです。

トムソーヤ島のモデル

さらに、トウェインの作品の読者は、なぜ**「アメリカ河」**には島があり、それが**「トムソーヤ島」**と名づけられているのかも理解できます。トムとハックは学校と勉強が大嫌いです。大人と大人が作った決まりも嫌いです。こういった大人が勝手に作った世界から彼らが逃れて行くところがミシシッピ川の中にあるジャクソン島です。これが**「トムソーヤ島」**のモデルです。そこは大人や大人のルールが入ってこない子供たちだけの王国であり、聖域でした。また、そこは、町という文明社会とは少し距離を置いた自然です。大人たちの押し付ける文明に疲れたとき、子供たちはしばしば自然の懐に抱かれたくなるものです。

私も中学生になる前は、よく川遊びをしました。その川には、土砂が堆積してできた、大人の背丈ほどの草が生えた中州がありました。大人は危ないので行くなというのですが、よく近所の悪童と一緒に行ったものです。

ミシシッピ川とちがって、岸はすぐそこにあり、そこに建っている家も見えます。それでも、なにか大人の世界とは隔絶した、自分たちだけの王国へやってきたという不思議な高揚感を感じました。

よくアメリカ映画などでは子供が隠れ家として木の上に家（あるいは小屋）を作りますが、あれに近いものがあります。木の下ならば無意味ですが、木の上で地面と離れているというところに意味があるのです。地面の上は大人のルールが支配する現実の世界です。

ディズニーランドの**「トムソーヤ島」**は、冷静に見てしまえば、つまらない人工の川のなかの土の固まりです。どんな想像力を持った人にもそのようにしか見えません。でも、子供のころそのような隠れ家遊びをしたことのある人、そのためにトムやハックに強い共感を覚えたことのある人は、そのことを振り返る場所です。

ホーンテッド・マンションはなぜフランス風か

オリジナル・ディズニーランドが開園してしばらく後、ウォルトはこの**「アメリカ河」**のそばにニューオリンズ・スクウェアを増設しました。ルイジアナ州ニューオリンズのフレンチ・クォーターの町並みを再現したものです。

これまで蒸気船とアメリカの河川交通の話を聞いてきた読者には、なぜほかのどこでもなく、ニューオリンズなのかおわかりと思います。ニューオリンズはミシシッピ川の河口付近にあり、蒸気船による交通の拠点であり、鉄道でいえば始発駅です。ニューオリンズほど蒸気船が似合う町はありません。

それに、ルイジアナ州にあるこのまちは、フランス植民地時代からの歴史があります。そもそもルイジアナとはルイの国という意味で、ルイ一四世にちなんでつけられた地名なのです。そのうえ、メキシコなど中南米に近いためにスペイン文化の影響も受けています。アメリカ人にとってもエキゾチックな地方で、食べ物もケイジャンというこの地方独特のものです。そうでありながらも、これまで見てきたように、アメリカの西部開拓の拠点だったのです。

このニューオリンズの町並みにマッチし、アメリカ人がこの地方に持っているイメージとも合うということで、ウォルトの死後作られたのが**「ホーンテッド・マンション」**です。

蒸気船―ニューオリンズ―フランスの植民地時代の古い町並み―古い館―ホーンテッド・マンション（幽霊屋敷）と連想が働いていったということでしょう。見ればおわかりのように、**「ホーンテッド・マンション」**の屋敷はまったくアメリカ風ではありません。どちらかというとフランスやスペインの貴族の屋敷を思わせる作りになっています。そのゆえんはここにあるのです。

第4章　アニメの世界を三次元に

アニメーターとイマジニア

第1章で述べましたように、ウォルトがディズニーランドを作った動機の第二のものは、ディズニーの映像作品の二次元的世界を三次元の実際に体験できる物理的空間にしたいというものでした。これをもっともよく表わしているのがファンタジーランドです。

ここは、ディズニーランドの他、東京、香港、パリ、マジック・キングダムすべてに共通して存在する、ディズニーのアニメーション映画をテーマとしたエリアです。「イッツ・ア・スモールワールド」、「空飛ぶダンボ」、「白雪姫と七人のこびと」等々、幼い子も楽しめるアトラクションが目白押しです。でも、このエリアのアトラクションの製作にはディズニー・スタジオのアニメーターたちはほとんど関わっていません。

では、どういう人たちがこのエリアのアトラクションを作ったのでしょうか。また、なぜ、アニメーターたちは、このアトラクションの製作に関わらなかったのでしょうか。二次元のアニメーションをファンタジーランドで三次元にした人々は、背景を描いたり、建物や街の模型を作ったりした人々です。彼らはのちにイマジニアといわれることになります。

イマジニアとはイマジネーションとエンジニアを一緒にした造語で、イマジネーションを現実のものとする人々のことです。最近脚光を浴びるようになってきました。

そもそも、ディズニー・アニメーションを制作するアニメーターたちは、平面に絵を描くことは得意ですが、それを立体にすることは得意ではありません。もともと、自分の描いたものを立体として捉える習慣がないからです。

前にウォルトは自らのアニメーション映画の二次元の世界を三次元に移したかったといいました。でも、いうは易し、行うは難しです。問題は、平面に描かれた絵と立体であるアトラクションの違いです。

皆さんはディズニーのアニメーターが鉛筆でキャラクターなどをデッサンした原画を見たことがあるでしょうか。アメリカの美術館やアニメーションの研究書などでよく見かけますが、それはもう素晴らしいものです。動画になる前のスケッチでも、絵として高い芸術性を持っています。これをセルにトレースして、色を塗るのですが、この段階になると原画の芸術性は失われて、単なるぬり絵のようなセル画になってしまいます。

それでも、これを背景などのセル画と重ねてマルチプレーン・カメラで撮るとそれなりの立体性を持ってきます。マルチプレーン・カメラとは、やぐらのようなものを組んで、何枚かのセル画に適当な間を置いたうえでやぐらの上から重ね撮りするものです。セル画とセル画の間を計算したうえであけるので、立体感が出ます。

しかし、このような立体感も、実際の立体にはかないません。そこで二次元の世界を実際に立体のものにしなければならないのですが、映画やアニメーションの場合、ただ立体にするだけではだめです。

デッサンをセルに移すとつまらない絵になるように、マルチプレーン・カメラを使って三次元的にしたアニメーションの世界も、ただ張りぼてにしたり、セットにしたりするとちゃちでつまらないものに見えてしまいます。

現実そのままではなく、それをドラマチックに演出したうえで立体にする技術が必要です。ハリウッドの映画会社はこのような人を多く雇っていました。つまり、撮影用のセットや背景などを作る人です。彼らはもとをたどれば建築士や設計士でした。

ディズニーにも『白雪姫』のころからこのような人が入るようになりました。そのうちの一人がケン・アンダーソンです。

白雪姫のおかげで入社

ケン・アンダーソンはワシントン州シアトル生まれ。若いときヨーロッパにわたりましたが、その後アメリカに戻ってきてシアトルで建築の設計の仕事をしていました。でも、一九二九年の株の大暴落から始まった大恐慌のため職を失ったので、西海岸の大都市ロサンゼルスに出ていくことになりました。

最初は大手映画会社ＭＧＭでセットに使う背景を描く仕事をしました。ひどい不景気にあっても映画業界は、なんとか持ちこたえていたのです。

ところが、しばらくＭＧＭで働いたあと、アンダーソンは不運にも一時解雇の対象にされてしまいました。一時解雇というのは、業績が回復したら優先的に雇用するという条件のもとに、それまで解雇するということです。

ですから、しばらく待てばＭＧＭに戻れるという可能性はなくはなかったのですが、このような目にあった人の常で、すっかり嫌気がさしていたので、もう一度声をかけられたとしても、ＭＧＭには戻りたくないと思い始めていました。

そんなとき、たまたまディズニー・スタジオの前を車で通りすぎたとき、同乗していた彼の奥さんがこういいました。

「ねえ、あなた、ディズニーに仕事の空きがないか聞いてみたら」

ディズニーはアニメーションのスタジオです。これは平面的にコミカルな絵を描くことですから、設計士のアンダーソンの職場としては不向きに思えました。でも、とにかく職がないし、できるならＭＧＭに戻りたくなかったので、聞くだけ聞いてみました。すると、驚いたことに採用されたのです。実は、これにはわけがありました。ウォルトは長編アニメーションの『白雪姫』の制作に取りかかっていたのです。

この作品はアニメーション史上最初の長編で上映時間が八三分もありました。その前にディズニーが作っていた短編は上映時間が大体六分ほどのものですから、長さがおよそ一三倍にもなったのです。このためディズニー・スタジオはスタッフの大量採用をしました。

短編を作っていた一九三五年には三〇〇人だったスタッフは一九三九年には一二〇〇人を超えました。大恐慌の後もほかの企業は人員整理を続けていただけに、これは目立ちます。

しかし、これだけだと大量のアニメーターやアシスタントを募集していたというだけで、アンダーソンにチャンスはなかったかも知れないのですが、彼にとって幸運なことに、ウォルトはこの長編映画をマルチプレーン・カメラで撮ることにしたのです。そのため立体的でリアルな背景を描く人材が求められていたのです。

これが、アンダーソンがディズニーに採用された理由でした。実は、彼のほかにも、彼と同じような職業的技能を持つ人々がたくさん採用されました。これらの人々の多くがアンダーソンと同じように、後にイマジニアとなります。

アンダーソンは『白雪姫』では、小人たちが住む家の模型を作りました。立体的な小人の家を描くには必要だと思ったのです。ウォルトはこの長編でそこまで立体感にこだわりました。

もちろん、給料をもらうのですから、この模型作りだけではなく、当然ながらキャラクターや背景の絵なども描きました。しかし、ウォルトはアンダーソンを、ただ絵を描くスタッフというより、模型を作ったり、空間デザインを考えたり、いろいろなことをする「何でも屋」として使いました。そして、このようなスタッフとして彼を重用しました。ここで、アンダーソンはほかの幹部アニメーターとは違った道をたどることになったのです。

ウォルトの私設設計士に

一九五一年、彼はディズニー・スタジオの給料支払い名簿から名前を消されました。といってもクビになったのではありません。スタジオからではなく、ウォルトから直接給料をもらうことになったのです。

この間の経緯はいろいろ込み入っていますが、あえて単純化して説明しましょう。ウォルトはディズニーランドを計画していたのですが、兄のロイなどスタジオの幹部は反対していました。そのためスタジオのスタッフを使うわけにはいかないという事情があったのです。

ディズニー・スタジオのこのころの正式の名称は、ウォルト・ディズニー・プロダクションズというものでした。この会社はミッキーマウス・シリーズがヒットした一九二九年には株式会社になっていたのですが、一九三八年には株式を一般公開して、一八〇〇人以上の人々が株主になっていました。このため、スタジオの経営に関しては、すでにウォルトの思うままにならなくなっていたのです。

一〇〇〇万ドル以上もかかるようなテーマパークの建設は、ウォルトがいくら望んでも、株主が反対するので、できなくなっていました。こんな巨額の大事業は、成功すればよいのですが、失敗すれば会社の倒産を招きます。大きな危険は会社幹部も株主も冒したくはありません。まさしく、元も子もなくなるわけですから。

さらに問題を複雑にしたのは、ウォルト・ディズニーという名前をウォルトが自由に使えなくなっていたことです。ウォルトは自分の名前をつけた別会社や事業を起こすことも禁じられていました。このようなことを許すと、一般の人は、この別会社をウォルト・ディズニー・プロダクションズと間違えたり、あるいは関連する会社だと思って、品物を買ったり、仕事を依頼したりして、もとの会社に経済的な損失を与える可能性があるからです。

ウォルトが幹部アニメーターたちをディズニーランド計画のために動員できない理由は、ここにもありました。もっとも、アニメーターたちもあまり参加したくなかったというのも事実です。

当時、ディズニーのアニメーションや映画は黄金時代を迎えていました。これらがうまくいっているのに、そしてこれらの制作で目が回るほど忙しいのに、なぜテーマパークなどに駆り出されなければならないのか、と考えたとしても不思議はありません。ディズニーランド建設には数多くの困難がありましたが、これはその中でももっとも大きなものの一つでした。

こうして、アンダーソンはウォルト個人に雇われることになり、スタジオのアニメーションビルの三階の一室の鍵を与えられました。そこは、アンダーソンとウォルトだけが出入りできる秘密の部屋になりました。

ここで彼らはオリジナル・ディズニーランドの計画を練ったのです。といっても、彼らのしていることは会社内では公然の秘密でした。

しかし、ウォルトが自分の生命保険を担保に入れるなどしてお金を借りたにもかかわらず、なかなか資金は集まらず、計画は前進しませんでした。ウォルトはアンダーソンに給料も払えなくなり、結局彼をディズニー・スタジオにまた戻したりしています。

ファンタジーランドのアトラクション作り

アンダーソンはウォルトがオリジナル・ディズニーランド建設に着手した一九五四年、

再びスタジオから呼び戻されて、朝から晩まで働くことになりました。

彼はいろいろなものを手がけましたが、とくに中心になって担当したのは、ファンタジーランドのなかの**「白雪姫と七人のこびと」**、**「ピーターパン空の旅」**、「トード氏のワイルドライド」、「ストーリーブック・ランド」でした。

最後のもの以外はいずれもいわゆる「ダークライド」です。つまり、カートにのって暗い屋内にしつらえられた各アニメーション映画のシーンをめぐっていくというものです。キャラクターや背景は、ブラックライトという特殊なライトで照らされて蛍光塗料を塗ったみたいに光るようになっていました。

前にもいったように、アニメーションの世界を三次元にすると、ちゃちで、がっかりするようなものになってしまいます。そこで、アンダーソンたちは白日のもとにさらさないで、屋内で、しかも暗がりで、ブラックライトを使って見せるという工夫を施したのです。

「白雪姫と七人のこびと」は今でも東京ディズニーランドにあるので、体験した人も多いでしょう。ただ、かなり地味な印象なので、あまり人気があるようには見えません。

たしかに大人はこれではあまり感動しないでしょうが、子供ならば十分楽しめるものですし、ましてや現在のように技術が進んでいない時代ならなおさらです。暗がりへ入って、どきどきしているところに、アニメーションの名場面がブラックライトに照らし出されて浮き出してくるのですから、もう大興奮です。

「ピーターパン空の旅」は、ピーター・パンが空を飛ぶ場面そのままに、ゲストが乗った乗り物でロンドンとネバーランドの上空を飛び、どくろ岩へ降りてくるようになっています。小さな子供はスリルと感動を覚えるところでしょう。

また、「トード氏のワイルドライド」はいわば**「インディ・ジョーンズ・アドベンチャー」**の子供版ですが、子供は結構歓声をあげる乗り物です。

アンダーソンにとって残念なのは、これらのアトラクションを彼がさまざまな意匠をこらして設計した建物に収めることができなかったことです。実際に建ったものは、組み立てた箱といっていいような味気ないものでした。これは資金が足りなくなってしまったために、建物にお金をかけられなくなったからです。

最後の「ストーリーブック・ランド」は、水路をゴンドラで回って各アニメーションの場面をミニチュアにしたものを見ていくというものです。

アンダーソンが『白雪姫』に出てくる小人たちの家の模型を作ったことを思い出して

いただければ、どんなミニチュアなのかわかるでしょう。屋外で見せるときは、むしろミニチュアにするというのは、彼らがアニメーションの世界を三次元にする際に考え出したもう一つの工夫でした。

これは、彼らがオリジナル・ディズニーランドのもう一つの原型「ディズニーランディア」という試みですでにしていたことで、都市や風景のミニチュアを作ってゲストに見せるというものです。ミニチュアを作る技術は、戦後ディズニー・スタジオが映画などを撮影するときによく使われました。これがオリジナル・ディズニーランドの計画のなかでも活かされることになったのです。

その一部が、「ストーリーブック・ランド」だったのです。ファンタジーランドにある「ストーリーブック・ランド」は、「ディズニーランディア」のなかの「ファンタジーランディア」、つまりファンタジーランドのミニチュアなのです。

アンダーソンはしばらくディズニーランド専属になったのち、『１０１匹わんちゃん大行進』、『ジャングル・ブック』の制作のときにはディズニー・スタジオに戻ったりしています。

新九人の侍

アンダーソンは、その後大病を患いましたが、結局ウォルトよりも長生きして、『おしゃれキャット』や『ビアンカの大冒険』の制作までスタッフとして参加していました。アンダーソンの場合は、とくにファンタジーランドでしたが、オリジナル・ディズニーランドの誕生を語る場合、彼のような「設計士」や「背景屋」の存在に触れないわけにはいきません。

アンダーソンのほかにには、ディズニーランドの想像図を描いたハーバート・ライマン、「メインストリートUSA」などの想像図を描いたハーパー・ゴフ、やはりミニチュアを作ったクロード・コーツがいました。彼らはディズニー・スタジオではやや日陰者でした。

ゴフやライマンなどは、そもそもオリジナル・ディズニーランド建設まではスタジオの従業員でさえありませんでした。

しかし、彼らはディズニー独自の専門家集団、イマジニアの先駆者となりました。前述の「九人の侍」については、当時ニューヨーク大学教授だったジョン・ケーンメーカーが『ウォルト・ディズニーの九人の侍』に書いています。でも、アンダーソンを初めとして、イマジニアたちは九人のなかに数えられていません。その判断に私は賛成します。

アンダーソンはアニメーターとして腕が落ちるというわけではありません。でも、彼をアニメーターとしてほかの九人と同じに扱ってしまうのは、アンダーソンにとってフェアではないと思います。彼はほかのトップ・アニメーターとは違う技術を持ち、違う分野で成功を収めているからです。アンダーソンの業績はあくまでもイマジニアとして特筆すべきだと思います。ほかのトップ・イマジニアにしてもそうです。

事実、現在、アンダーソンに加えて、以下の八人が「新九人の侍」と呼ばれるようになりました。ハーパー・ゴフ、マーヴィン・デイヴィス、ジョン・ヘンチ、マーク・デイヴィス、ロジャー・ブロギー、C・V・ウッド、ビル・エヴァンズ、ディック・アーヴァインです。

ウォルト・ディズニー・プロダクションズが社名変更されてザ・ウォルト・ディズニー・カンパニーとよばれている現在の会社で脚光を浴びているのは、このイマジニアリングの部門です。このイマジニアリングの基礎を築いた一人がアンダーソンだったのです。

二一世紀の今日、ディズニーが世界に誇れるものは、このイマジニアリングが生み出すアトラクションとそれに使われるハイテクノロジーだといえるでしょう。

ピンクのダンボ

ストーリー性があるからディズニーランドのライドは普通の遊園地のライドとはちがうのだとすると、その代表格は**「空飛ぶダンボ」**かもしれません。

このライドはディズニーランドだけでなく、日本やフランスや香港に作られたディズニーランドでも大人気です。しかし、物理的なライドそのものは、どの遊園地にもあるものです。モーターが回転してライドが上下しながら回るだけです。

にもかかわらず人気があるのは、やはりダンボのキャラクターデザインでしょう。耳がとても大きい子象が頭に帽子をかぶっているというかわいらしいデザインが子供たちの心をつかむのでしょう。

しかし、このライドは乗っている子供たちよりも、その喜ぶ姿を見守っている大人たちにストーリーを語っている場合も多いと思います。

つまり、自分の子供時代のいろいろな光景を思い浮かべて、ひとしきりノスタルジアに浸っている親も多いのではないでしょうか。

私も自分の娘をここに連れてきたとき同じ思いにかられました。どうも、このライドの周りにいる大人を見るとそんな表情をしている親が多いような気がします。もちろん、このような大人のノスタルジアの中心には自分が『ダンボ』を見たときの感動と思い出もあると思います。

この関係で興味深いことは、このライドは計画段階では「ピンクの象のパレード」だったということです。実際、『Disneyland : The Nickel Tour（ディズニーランド・ニッケル・ツアー）』という本にはこの「ピンクの象のパレード」を絵葉書にしたものが載っています。

この本によりますと、最初ウォルトはダンボが一〇匹もいて空を飛んでいるのはおかしいとダメだししました。そこでダンボがお酒を飲んで幻覚に陥って、ピンクの象がパレードする場面をテーマにしようということになりました。これだと、同じ象が一〇匹も飛んでいる理由が説明できるというのです。

いろいろな考え方があるものです。

ウォルトはこの案に反対しました。子供用のライドなのに、酒に酔って幻覚を見ている場面などとんでもないということです。それよりは、ダンボを一〇匹飛ばしたほうがよほどましだともいいました。

理由はどうであれ、この案がボツになったのはいいことでした。

もし、これが現実になっていたら、現在のような**「空飛ぶダンボ」**はなかったということになりますから。それにピンクの象は、遠くから見ると、象というより豚に見えてしまい、とてもみっともないものになったと思います。

ダンボ・ノスタルジア

個人的な話で恐縮ですが、実は私も娘をこのライドに乗せていて思い出したことがありました。私の母がこの「ダンボ」という言葉がお気に入りで、これをいろいろアレンジして使っていたことです。たとえば、「あの人はダンボ耳だ」といえば、「あの人は耳が大きい」という意味です。しばらくすると、我が家では「あの人は人の話をきちんと聞く」という意味になりました。

私が生まれたのは一九五三年で、日本で『ダンボ』が初公開されたのはその一年後です。といっても、当時の上映のしかたでは、大都市で公開されてから私が住んでいる地方都市にくるまでには一年ないしそれ以上かかっていました。
そして、その後も何度か再上映していました。たぶん私は一九五八年ころに、母と一緒に再上映でこの映画を見たのだろうと思います。

私はこんなにも母が「ダンボ」を使う表現を好むのは、大人である母のほうがこの作品に深く感動したのだろうと思っていました。

しかし、**「空飛ぶダンボ」**にのっている娘を見ていて、はっと気がついたのは、母が「ダンボ」を気に入っていたというより、そのような言い回しを私が聞いて、とても面白がって、喜んだからだということです。つまり、私を喜ばせたくて、あのようにいったのです。それを繰り返すうちに親子の間で使われる慣用句になったということです。気がついてみれば、当たり前のことですが、それまでは気づきませんでした。子供というものは、相手の側になってものごとを考えるということがなかなかできないものなのです。

とくに、親や兄弟など近親者に関しては、まえまえから引っかかっていたことが何十年もあとになって、ある瞬間はっとわかるということがあります。「ああそうか。あのときああいったのは、こういうことだったのか」と気がつくのですが、そのときはもう、その人はそばにいないか、天国へ行っている場合が多いのです。

養老孟司さんも同じようなことを『死の壁』（新潮新書）で書いていました。臨終のとき「お父さんにさようならを言いなさい」といわれたとき、当時四歳だった養老さんはそれをいえなかったそうです。そして、挨拶が苦手な内気な子供になったということです。

彼が三〇代になったある日、地下鉄に乗っているときに、急に自分が挨拶が苦手なことと父親の死が結びついていることに気がつき、初めて「親父が死んだ」と実感したといっています。理屈で表面的にわかったつもりになることと、本当に心にしみこむようにわかるのとは違うのです。

ウォルトは「年配の人たちは過去の優しい思い出をもう一度生き直し……」といいましたが、私にとっては「メインストリートUSA」ではなく、**「空飛ぶダンボ」**が、亡き母の思い出を生き直す場所だったのです。

鉄道史上のヒーロー、ケイシー

実はファンタジーランドには『ダンボ』にちなむアトラクションがもう一つあります。

「ケイシージュニア・サーカストレイン」です。これは『ダンボ』のなかでサーカスが移動するときに使う汽車です。

ちなみに、『ダンボ』のなかでこの汽車が走っているのは、フロリダ州です。つまり、父エライアスが母フローラについていって、求婚し、結婚した思い出の土地です。

アトラクションでは、この汽車が『ダンボ』の一場面のようなミニチュアの風景のなかを走るというものです。同じ作品から二つもアトラクションが作られたことになりますが、このような例外を作ったのにはいくつかの理由があります。

第一の理由は、やはりウォルトの鉄道への深い愛着でしょう。ただし、この機関車はディズニーランド内を巡るリプリー号とは違います。リアルなリプリー号とは対照的に、こちらは擬人化された、茶目っ気たっぷりのかわいい機関車です。

さて、この機関車の「ケイシージュニア」という名前には由来があります。それはアメリカの鉄道史上最も有名な機関士、ジョン・ルーサー・ジョーンズのニックネームであるケイシーからとられたのです。

ケイシーは一九〇〇年四月三〇日の午前三時ころ、イリノイ・セントラル鉄道の貨物列車を運転していました。ところが、雨と霧のなかミシシッピ州ヴォーガンにさしかかったところ、前方に旅客列車が止まっているのがぼんやり見えてきました。引込み線に入ってケイシーの貨物列車の通過を待つべき旅客列車がブレーキの故障のために、本線に残ったままになっていたのです。

ケイシーはブレーキをかけ、警告の汽笛を鳴らし続けるのですが、貨物列車のスピードは時速一二〇キロほどに達していたのでとても間に合いません。彼は相棒のシム・ウェッブに飛び降りるようにいいました。しかし、自分はブレーキ桿と汽笛の紐を引き続けました。

結局、貨物列車は旅客列車に追突してしまいましたが、ケイシーが飛び降りずにブレーキをかけ続け、スピードを落とし続けたので、死者は一人ですみました。

その一人とはケイシーでした。

伝説では、彼は片方の手にブレーキ桿、もう一方の手に汽笛の紐を握ったままで死んでいたそうです。

ここから、自分の命を犠牲にして乗客や相棒を助けた機関士のヒーロー物語が生まれました。そして、

ジョン・ルーサー・ジョーンズ

彼のことを歌ったバラードが人々の間に広まり、彼は伝説上の人物になっていったのです。

この逸話については、ウォルトも子供のころ聞いて感動したのでしょう。それは、映像作品とアトラクションを作ったことからも、疑いようがありません。ウォルトは父から話を聞いた可能性があります。というのもケイシーもまたシカゴのコロンビア万国博覧会で働いていたのです。エライアスが鉄道の枕木などを作っていたことから考えると、彼はケイシーと同じ仕事場で働いていた可能性すらあるのです。

自分と同じような経歴をもつヒーローの英雄的行動を新聞記事で読んだとき、それがエライアスの記憶に残らないはずはありません。さらに、ケイシーのヒーロー物語は、一九五〇年に『勇気ある機関士』という映画になっています。この映画がとくに鉄道ファンを熱狂させたことは想像に難くありません。ウォルトの年代のアメリカ人にとって、そしてこの映画を見たアメリカ人にとって、ケイシーという名前は特別な響きを持っていたのです。

ケイシージュニアはかわいい機関車で、だからジュニアがついているのですが、アメリカの鉄道ファンはこれに乗ると、伝説のヒーローの悲劇的場面がいろいろ目に浮かんできて、胸に迫るものを覚えるのです。

短編アニメーション「ケイシージュニア」

第二の理由は、自分が生み出したキャラクターとしてのケイシージュニアに対する愛着です。『ダンボ』のファンなら、ケイシージュニアが夜に山あいを走っているとき、険しい坂にかかるとスピードが落ちてあえぐような音を出し、頂点を越えて下り坂になるとまた勢いを取り戻して元気になる、あの場面をご記憶でしょう。

実はディズニーは『ダンボ』の前に「ケイシージュニア」という短編アニメーションを作っています。これは『おちゃめなドラゴン』と一緒に上映されました。この短編でもケイシージュニアは、汽笛をいろいろな音で奏でて走ります。汽笛はウォルトのお気に入りだったほか、ケイシーが死ぬまで鳴らし続けた汽笛を連想させます。

驚いたことに、この汽笛は、若い女性が作り声で汽笛をまねて効果音として入れていました。汽笛なのに言葉になっているのはこのためだったのです。この作品ではほかにも、蒸気の音とか車輪が回転する音とか、雷や風や水の音とか、たくさんの効果音が入っています。この効果音のオンパレードもすばらしいものですが、ケイシーの、まるで生き物のような動きも見どころです。機械を生き物のように描き、逆に人間や動物を機械のように描くというのは、ディズニーがよく使うギャグです。たとえばミッキーマウス・シリーズ第一作の「飛行機狂」では飛行機が生きている動物のような動きをします。そして、七面鳥の尾羽をミッキーにつけてもらって空に舞い上がります。

ミッキーマウス・シリーズ以前の初期の作品でも、擬人化された汽車が谷間にやってきてどうしようかとためらったすえに、谷をつたって下におりたのち、また絶壁を登って走り続けるというギャグをやります。

『ダンボ』のなかでも擬人化されたサーカス・トレインの汽笛が声を張り上げるギャグがでてきますが、これはすでにこの作品ででてきています。もちろん、これはミッキーマウス・シリーズ第三作にして、ディズニーが始めてサウンドトラックを入れた「蒸気船ウィリー」にもでてきます。「ケイシージュニア」はこのようなウォルトのお気に入りのギャグを使った作品のなかでも出色のできなのです。

サーカスはテーマパークの父

ケイシージュニアを特別扱いした第三の理由は、それがサーカスを運ぶ列車だったたからです。『ダンボ』は、サーカス一座の興行の様子をよく描いていますが、それはアメリカ人にとって大きな意味を持っています。

サーカスはアメリカの大衆文化できわめて大きな地位を占めていました。映画もラジオもテレビもなかった時代では、それは大衆娯楽の王様でした。当時はたいした見世物もなく、動物園もなかったのです。そのころ、珍しい動物や曲芸や手品やコントを見せてくれるサーカスの人気は相当なものでした。

有名な映画『地上最大のショウ』はアメリカのリング・リング・ブラザーズ・アンド・バーナム・アンド・ベイリーというサーカスを描いたものです。サーカスは開拓時代の機関車や蒸気船やメインストリートと同じ役割を果たしました。つまり、ウォルトの年代のアメリカ人に古きよきアメリカを、そして子供時代の幸せな思い出を喚起する力を持っているのです。

大衆娯楽の歴史からいってもサーカスとテーマパークは関係があります。つまり、テーマパークの歴史をさかのぼっていくと、遊園地とフェアとサーカスに行き着くのです。フェアとはいわば農産物の品評会なのですが、人が集まるということで、回転木馬や観覧車などのアトラクションができます。もちろん、そのほかに射撃やピンボールなどの店もでます。フェアには開催期間があるので、これらの娯楽業者はフェアのある次の町へと移っていきます。

サーカスは、これに対して見世物や曲芸や動物ショーなどが主体ですが、常に移動しているという点では共通しています。

遊園地はフェアが常設になったものだといえます。ニューヨーク近郊のコニー・アイランドにも大型の遊園地ができましたが、これもアトラクションの種類などから考えて、フェアが常設化したものだといえます。コニー・アイランドなどは大規模で見世物やショーもあったので、サーカスの要素もあったといっていいでしょう。

オリジナル・ディズニーランドは実は、以前にあったこのようなアメリカの大衆娯楽の要素をすべて引き継いだのです。

面白いことに、オリジナル・ディズニーランド計画に反対するとき、ロイはよく「あんなサーカスなんてやめてしまえ」といったそうです。ロイやウォルトの年代のアメリカ人には、テーマパークとサーカスは概念としてあまり違わないものだったという証拠です。

とくに、ディズニーランド内でさかんに行うショーやパレードは、今はほとんどなくなってしまったサーカス的なものを唯一残しているものだといえます。

このような理由から、**「空飛ぶダンボ」**に加えて、「ケイシージュニア・サーカストレイン」もどうしても作らなければならなかったのです。

第5章　トゥモローランドは進化する

すぐにトゥディランドになったトゥモローランド

トゥモローランドはウォルトが科学技術がもたらす明るい未来を人々に示すために作ったエリアです。東京ディズニーランドには開園以来存在していますし、人気の高いアトラクションがずらりと並んでいます。**「バズ・ライトイヤーのアストロブラスター」「スペース・マウンテン」「スター・ツアーズ」「キャプテンEO」**等々。

しかし、二一世紀の今日から見て、オリジナル・ディズニーランドに存在していたトゥモローランドほど驚くものはありません。目をひくものといえば、そそり立つような「ムーン・ライナー（月ロケットのこと）」というモニュメントとゴーカートを走らせる「オートピア」くらいしかありませんでした。

残りはほとんどが企業ＰＲのパビリオンでした。モンサント・ケミカルの「化学の館」、カイザー・アルミニウムの「アルミニウムの殿堂」などなど。

「オートピア」と「ムーン・ライナー」さえ、それぞれリッチ・フィールド石油とトランス・ワールド航空というスポンサーがついていました。

このあと一九五九年にはトゥモローランドにモノレールと「サブマリン・ヴォヤッジ」が加わります。このころの「サブマリン・ヴォヤッジ」の船は海底探査船ではなく、灰色の原子力潜水艦でした。

もちろんトゥモローランドの「未来の夢」はだんだん充実してきます。ところが、これらのものは、作られた当初はゲストにとって十分刺激的で、未来への挑戦を鼓舞するものでしたが、時間がたつにつれてありふれたものになってしまいました。

たとえば、ムーン・ライナーは、これが作られた一九五五年当時はかなり未来的だったのですが、一九六九年にはアメリカは月に実際に人間を送り込んでしまいます。トゥモローではなくトゥディになったのです。

「サブマリン・ヴォヤッジ」の原子力潜水艦にしても、一九五九年の段階では、かなり未来指向のものでした。潜水艦はともかくも、その推進力が原子力という点においてです。広島・長崎に原子爆弾を落としたのは、アメリカにとっても忌まわしい過去ですが、原子力を大量殺戮のために使うのではなく、船の推進力に使うということは平和利用であり、未来指向だと考えられていました。動かすものが潜水艦であっても、です。

まもなくアメリカだけでなくソ連もイギリスもフランスも原子力潜水艦を建造するようになります。アメリカの原子力潜水艦は、海中から発射できるミサイルを積むようになり、このミサイルには核弾頭が積まれることになります。

そして、このような原子力潜水艦が世界中の海に潜むようになります。もはや、未来への挑戦や希望をかきたてるものではなくなったので、一九八七年、このアトラクションの潜水艦は黄色に塗られ船体も丸みを帯びた海底探査船にかわりました。

同じことはモノレールにも起こりました。スイス製のモノレール・システムを導入したのはアメリカではディズニーが最初でした。新し物好きのウォルトは大枚をはたいてこれを一九五九年に導入し、ディズニーランドとホテルを結んだのです。ところが、まもなく、これもアメリカのあちらこちらで走るようになりました。

ウォルトはよくトゥモローランドを皮肉たっぷりにトゥディランドと呼びました。科学技術の急速な進歩によって「未来の夢」はたちまち現在のありふれた現実になっていくからです。

しかし、このような急速な変化というのは、まさしくアメリカが世界に冠たる大国になったからこそ起こったことでした。そこにあるアトラクションそのものが、万国博覧会のパビリオン同様、アメリカの国威発揚のためのものだったのですが、それ以上にそのパビリオンが現実に追い越されないよう、どんどん変わらなければならなかったということも、素晴らしいことです。

こうした性格を見ればわかるように、トゥモローランドのアトラクションの推移というのは、そのままアメリカの産業史を映す鏡となっています。

天井は宇宙、足元は地球

トゥモローランドにあったムーン・ライナーは、高さがおよそ二四メートルもある巨大なロケットで、はじめは「眠れる森の美女の城」を抜いて、オリジナル・ディズニーランドで最も高い構造物でした。

その機体には白地に赤でＴＷＡと書かれていましたが、これはトランス・ワールド航空を意味します。この会社のオーナーであるハワード・ヒューズはＲＫＯという映画会社も持っていたためディズニーとは浅からぬ縁がありました。

ディズニーは『白雪姫』のあと長編アニメーションをたくさん作りましたが、一九五三年までそれらを配給していたのはRKOでした。結局この会社は倒産しましたが、その前にヒューズはウォルトにこの映画会社を買わないかと持ちかけて、ウォルトも大いに心を動かした時期があります。

そのヒューズとの関係から、ハリウッドの映画関係者は、よくこの航空会社を使ったのです。

さて、この巨大なムーン・ライナーのそばには「ロケット・トゥ・ザ・ムーン」というドーム型のシアターがありました。ゲストが中へ入って椅子に腰掛けると、シアターの天井にこれからロケットが向かう宇宙の映像が映し出されました。そして、足元にあるスクリーンには、どんどん離れていく地球が映りました。こうすることで、ゲストは月に向かって宇宙へ飛び出していくという感覚がえられたのです。

これは、**「スター・ツアーズ」**や**「スペース・マウンテン」**のような今日のハイテクノロジー・ライドに比べるとつまらないもののように思われますが、当時のゲストにとっては、かなり刺激的なものでした。

それは、アメリカの宇宙開発の歴史を見ればわかります。

スプートニク・ショックと宇宙開発

アメリカは一九五八年一〇月一日に、いくつかのロケット関連部局を合併して航空宇宙局（NASA）を作り、有人宇宙飛行の成功を目指す「マーキュリー計画」をスタートさせます。その前は、アメリカの陸・海・空軍が別々に軌道に人工衛星を乗せるためのロケットを打ち上げ、さんざん失敗していました。したがって、一九五五年の時点では、月までロケットを送るというのは、夢のまた夢だったのです。

さらに航空宇宙局ができるころになると、この宇宙開発は別の意味も帯びてきます。一九五七年一〇月四日、ソ連はスプートニク一号の打ち上げに成功し、地球を回る軌道に人工衛星を乗せました。当時これは「スプートニク・ショック」といわれ、アメリカ人を打ちのめしました。それは単に科学技術でソ連に負けたからというのではありません。自分たちの身が危険にさらされていると感じたからでもあります。

ロケット打ち上げ技術はミサイル発射技術と重なります。ソ連がロケットで人工衛星を打ち上げたということは、大陸間弾道ミサイルが完成したということを意味します。ソ連は一九四九年には原子爆弾、一九五三年には水素爆弾の開発に成功していました。

つまり、ソ連は自分の国にいながらにして、大陸間弾道ミサイルのスイッチを押せばアメリカ全土に水素爆弾の雨を降らすことができるということです。それなのに、アメリカのほうは、ソ連の領土の一部にしか核ミサイルを打ち込むことができないのです。

これは「ミサイル・ギャップ」と呼ばれ、大きな問題とされました。だからこそ、陸・海・空軍ばらばらに開発していたのをまとめてアメリカ航空宇宙局に一元化することにしたのです。

その体制が整う前の一九五七年一二月六日、アメリカ海軍がバンガード一号を打ち上げました。これは打ち上げ数秒後に大爆発してしまいます。「アメリカは真珠湾攻撃以来もっとも暗いクリスマスを迎えた」と新聞が書き立てました。

翌年の一九五八年一月三一日にアメリカ陸軍がエクスプローラ一号の打ち上げを成功させたことによって、ようやくアメリカは最初の人工衛星を軌道に乗せることができました。

しかし、この打ち上げロケットは大陸間弾道ミサイルではなく、ジュピターC（のちにジュノー1と改名）という中距離ミサイルをベースにしたものでした。つまり、人工衛星の打ち上げには成功したものの「ミサイル・ギャップ」は克服できていなかったのです。このギャップが解消するのは、一九五九年九月にアメリカの大陸間弾道ミサイルのアトラスが実戦配備されたときです。

ということは、トゥモローランドのムーン・ライナーについてはこのようにいえることになります。一九五五年から一九五七年九月までにトゥモローランドを訪れたアメリカ人ゲストは、未来への希望で胸を膨らませ、かなりゆとりを持ってそそり立つロケットを見上げていたことでしょう。これに対して一九五七年一〇月から一九五九年九月までにここにやってきたゲストは、かなり不安を感じながら、祈るような気持ちでロケットを見たと思います。

トゥモローランドのテーマは「未来への挑戦」ですが、未来は次第に現在に近くなり、また、現在が変わるにつれて変わっていきます。また、挑戦にもいろいろあり、ゲストが抱く思いもさまざまなのです。

スポンサー交替の事情

一九六〇年にニュー・フロンティア政策を唱えるジョン・F・ケネディが大統領に当選しました。彼の政策の目玉となるのは宇宙開発でした。

一九六一年五月二五日、このケネディ大統領は「マーキュリー計画」の第一号フリーダム7の打ち上げ成功後に演説を行い、「一九六〇年代のうちに月への有人飛行を行う」と宣言しました。そして翌年の二月二〇日には、ソ連に一〇カ月後れをとりましたが、ジョン・グレンが四時間五六分の有人宇宙飛行に成功します。

トゥモローランドの「ロケット・トゥ・ザ・ムーン」のほうもこのあと、少し変化がありました。一九六二年にスポンサーがダグラス社に替わったのです。トランス・ワールド航空は、ダグラス社の旅客機を多く購入していたので、その縁でしょう。興味深いのは、この会社が民間航空機だけではなく、ジェット戦闘機やミサイルも製造していたことです。

ヒューズ自身も戦争中アメリカ軍のために飛行艇などを作っていて軍とは関係がありましたが、ディズニー・スタジオも戦争中に軍の発注する映画を引き受けていました。このことから、このようなディズニーランドとアメリカ軍やアメリカ政府との結びつきは偶然ではないことがわかります。

トランス・ワールド航空からダグラス社へのスポンサーの交替が、軍事色が薄いものから濃いものへの交替だったということは象徴的といえます。

月ロケットから月への旅へ

ウォルトの死後のことになりますが、一九六七年にはいよいよアポロ計画に基づくロケットの打ち上げが始まります。アポロ計画とは月に人間を送り込む計画です。でも、皮肉なことに、この年の二月二一日に計画されていた打ち上げはリハーサルでの火災事故のために中止になりました。

この事故で三人の宇宙飛行士が殉職しています。打ち上げそのものはこのあとも続けましたが、悲惨な事故のあとだけに、このあと三回の打ち上げは無人で行っています。

これによってトゥモローランドには大きな変化が起こります。

一九六七年、「ロケット・トゥ・ザ・ムーン」が「フライト・トゥ・ザ・ムーン」にかわったのです。つまり、もはやただ月に向かってロケットを打ち上げることは現実となったので、人間を乗せて月に運び、そして再び地球に帰ってくることを夢としたのです。

その夢に現実が追いつくのにもそう時間はかかりませんでした。一九六九年七月二〇日、アポロ一一号が月面の「静かの海」に着陸することに成功します。ニール・アームストロング船長が「これは一人の人間にとっては小さな一歩だが、人類にとっては大きな飛躍だ」という有名な言葉を残します。

これによってアメリカは初めて宇宙開発においてソ連をリードすることになります。アポロ計画はこのあとも人間を月面に送り込み続けます。そして、一九七二年一二月七日にアポロ一七号まで送り込んだあと、所期の目的を達したとして計画を中止します。アポロ一八号から二〇号までの三機は、その後打ち上げられることはありませんでした。

アメリカの宇宙開発の目標は火星になりました。

実はアメリカは一九六四年からマリナー計画で火星探査ロケットを打ち上げていました。これが、次のバイキング計画では火星探査ロケットを火星表面に着陸させることを目標にします。そして一九七五年、アメリカは火星探査ロケットのバイキング一号を打ち上げ、火星の表面に軟着陸させました。この計画を受けて、一九七五年三月、トゥモローランドの「フライト・トゥ・ザ・ムーン」は「ミッション・トゥ・マーズ」に変わりました。

もはや月は未来への挑戦ではなくなったのだから当然の流れでしょう。この「ミッション・トゥ・マーズ」も、一九九二年一一月に閉鎖されました。まだ、人間は火星には到達していませんが、このような宇宙開発自体が未来のものとしてゲストにアピールしなくなったためでしょう。

宿題として残されたモノレール

さて、もう一つの「未来的」交通システム、モノレールに話をうつしましょう。

今日モノレールは新しい乗り物でも、珍しい乗り物でもありません。日本でもいくつかの都市で走っています。このため、私たちはディズニーランドのモノレールに乗ってもそれだけで心を動かすということはありません。ただの乗り物というだけです。

しかし、ウォルトが一九五九年六月一四日にモノレールをディズニーランドに導入したときにはかなり先進的な乗り物でした。同じ日にオープンした「サブマリン・ヴォヤッジ」の原子力潜水艦と同じくらい先進的だったといってもいいほどです。ディズニーの宣伝文句によると、この当時「毎日運転されているものとしては西半球で最初のもの」だったそうです。

前にウォルトの鉄道に対する思いがどんなものだったのかを書いたので、彼がこの未来的乗り物に対してもどんな思い入れがあったのかは、察することができるかと思います。

実際、それは相当なものでした。オリジナル・ディズニーランドの計画図を見ると、もっとも早い時期のものにさえ、モノレールの軌道が書き込まれています。開拓時代の蒸気機関車とこの未来的モノレールの両方を走らせるということがウォルトのオリジナル・ディズニーランド計画の目玉だったのです。

しかし、一九五五年にオリジナル・ディズニーランドがオープンしたとき、モノレールはありませんでした。間に合わなかったのです。

モノレールはウォルトにとって大きな宿題として残りました。そして、ウォルトがこの宿題を果たすまでにさまざまな経緯とストーリーがありました。そこで、以下ではそれについて述べましょう。

古くて新しいモノレール

まず、モノレールの歴史をざっと見てみましょう。モノレールとは「モノ（一つ）」と「レール」の合成語で、レールが一本の乗り物ということです。このアイディアは一八二一年までさかのぼります。イギリスのヘンリー・パーマーという人がデットフォードの造船所とリー川のそばのチェスナットまで木のレールを引いて、そこに籠を吊るし、馬に引かせていました。これは、リー川の川原にある石を運ぶための貨車でした。

一八八八年にフランス人技師シャルル・ラルティーグがアイルランドに作ったモノレールは人を運びました。しかし、これはアイルランドに内戦が起こったために一九二四年に閉鎖されてしまいます。

二〇世紀に入ると、モノレールはいろいろな国で乗客を乗せて走るようになります。一九〇一年、ドイツのブッパータールではぶら下がり式のモノレールが走りました。ぶら下がり式とは軌道があって客車がそれにぶら下がる形になっているものです。これを「懸垂式」といいます。このブッパータールのものは、現在でも走っていて同市の名物になっています。日本でも、千葉市の千葉都市モノレールや鎌倉市の湘南モノレールなどが懸垂式です。

こう書くと、「なんだ、モノレールという乗り物はちっとも未来的乗り物じゃないじゃないか。トゥモローランドより『メインストリートUSA』あたりで走らせればよかったのに」と思うかもしれません。確かに、モノレールの最初のころのものは、自動車よりも古いくらいです。

しかし、レールが一本でも、車両をどのような方式で、どのように走らせるかは、いろいろありました。バランスのとり方や制御の仕方も異なっていました。そして、それぞれ欠点を持っていて、快適で安全な乗り物とはいえなかったのです。

たとえば、軌道の上を走る方式では、レールが一本のために車両の走行が不安定になります。懸垂式では走行が安定するかわり、車両がぶら下がる形なので乗客に不安を与えます。こういった点で、モノレールは、誕生したのは古くても、いろいろと改善の余地のある、開発途上にある乗り物だったのです。

最新モノレールはドイツに

一九五八年の段階でも、アクセル・L・ヴェナー・グレン社、略してアルヴェーグ(Alweg)社の開発したモノレールは、十分実験的で新しい乗り物だったといえます。

特徴は、車両がまるで軌道を深く跨ぐような格好で走るということです。このため軌道の上を走るにもかかわらず、安定していて乗り心地がよくなります。

『ディズニーランド・ニッケル・ツアー』によると、ウォルトと妻のリリアンが一九五八年にドイツを訪れたとき、まだ実験段階にあるアルヴェーグ社(スイス企業だがドイツで実験していた）のモノレールに偶然出会ったといいます。偶然というのは、二人は最初から同社にくるつもりだったのではなく、ブッパータールの懸垂式モノレールが目当てだったからです。前述の通り、これはいささか不安定で高所恐怖症の方にはつらい乗り物です。なにせ足の下は空中なのですから。リリアンもゆれたりすると怖くて気持ちが悪いといいました。

そこで、軌道の上を走る方式のモノレールを作っている会社はないものかと思っているうちに、アルヴェーグ社のモノレールが実験トラックを走っているのが目に飛び込んできたというのです。

軌道の上を車両が跨ぐようにして走るというそのアイディア（跨座式）と、まだ完成していないということが、ウォルトの心をひきつけました。これにディズニーが加わって完成させれば、いわゆる先物買いなので、安くモノレールが手に入る上に、パテントの利益にも与れるということです。

ウォルトはこの会社とこのモノレールの技術について集められる限りの資料を集め、それを帰国してからディズニーランドの技術担当のロジャー・ブロギーに渡しました。ブロギーの調査結果はゴーでした。こうしてディズニーとアルヴェーグ社は共同してデイズニーランドにモノレール・システムを導入することになったのです。

宇宙船型モノレールをスタジオで製作

モノレールの製作にあたってウォルトは例によって注文をつけました。アルヴェーグ社のモノレールの車両は、まるで食パンの塊のようで、未来的乗り物らしいスマートさに欠けていたようです。そこで、ウォルトはアメリカのコミック『フラッシュ・ゴードン』に出てくる宇宙船のような先端がとがった流線型のものに変えさせました。こうすると、乗り物としては古いにもかかわらず、いかにも未来の乗り物という感じがするからです。

こうしてモノレールの製作が始まったのですが、いろいろ問題が起きます。ウォルトは最初モノレールの製作を、ごみ収集車のメーカーに請け負わせました。なんとなく予想できるように、これはさんざんな結果に終わります。

そこで、仕方なくスタジオのサウンド・ステージで自らが製作することにしました。これは『海底二万哩《マイル》』などに音を入れるときにも使ったスタジオで、およそモノレールを作るのに適さない、かなり手狭なものでした。

それでもなんとかここで作り上げましたが、軌道へ乗せて走らせようとすると、ピクリと動いただけで、止まってしまいました。実験トラックがなかったので、走行実験をしながら作ることができなかったのです。

しかし、スタッフが二四時間態勢で数週間がんばった結果、なんとか一九五九年六月一四日のオープンに間に合いました。ウォルトはこのモノレールと「サブマリン・ヴォヤッジ」を同時にオープンしたかったのです。そして、実際、そうなりました。

モノレールをアルヴェーグ社と共同製作したことは、後にディズニーにとって大きな財産になりました。ディズニーはこのあとも先端的なモノレール・システムを作りつづけ、アメリカにおけるモノレール技術をリードするようになります。これはディズニーがテーマパークを所有しているものの、もともとはアニメーション・スタジオだったということを考えると驚くべきことです。

もちろん、これらの技術はディズニーランドやほかのテーマパークのライドに生かされていきます。のちにウォルトはディズニー・ワールドに未来都市エプコットを構想しますが、その目玉の一つも未来型交通システム、つまりモノレールとなりました。

現在でもディズニーはモノレールで培った技術を活かしてリニア・モーターカーの実験

を行っています。ディズニーのイマジニアはいまや最新の交通システムの開発を行っているのです。

世界最大規模の原子力潜水艦隊

モノレールが走り始めたのと同じ日、トゥモローランドで八隻の原子力潜水艦の処女航海の祝賀が行われました。新しいアトラクション「サブマリン・ヴォヤッジ」のオープニング・セレモニーです。これは二五〇万ドルをかけて建造され、セレモニーの八日前の六月六日にはすでに完成していました。

ウォルト・ディズニーは満面に笑みを浮かべてこうスピーチしました。

「わが社の原子力潜水艦隊をご紹介申し上げます。この艦隊は現在世界最大の規模を誇っております」

祝賀の席にはウォルトのほかに、当時の副大統領リチャード・ニクソンとその家族、アメリカ海軍提督チャールズ・C・カークパトリックが出席しました。この模様はABCのテレビ放送網を通じて数千万人のアメリカのテレビ視聴者に伝えられました。

トゥモローランドのアトラクションには、当初からスポンサーがついていることはすでに述べましたが、「サブマリン・ヴォヤッジ」のスポンサーはジェネラル・ダイナミックス社とアメリカ海軍でした。ジェネラル・ダイナミックス社は、世界初の原子力潜水艦ノーチラスを建造した軍事企業です。

実はこのノーチラスの進水式の様子を記録映画に撮ったのがディズニーでした。このフィルムはメリーランド州カレッジパークにあるアメリカ国立第二公文書館に公式な記録として残っています。その依頼者は、ジェネラル・ダイナミックス社ではなくアメリカ海軍でした。つまり、アメリカ海軍の公式の記録映像を撮る仕事をディズニーが請け負っていたのです。

ジェネラル・ダイナミックス社のほうですが、この会社は潜水艦のほかに、戦闘機、ミサイル、そして原子力潜水艦や原子力船に積む原子炉も作っていました。そのことを宣伝するために作られたのが「サブマリン・ヴォヤッジ」だったのです。

このアトラクションの潜水艦の船体が、原子力潜水艦と同じ灰色と赤に塗られていたのはこういうわけがあったのです。事実、それぞれに付けられた名前もノーチラス、トライトン、シーウルフ、スケート、スキップジャック、ジョージ・ワシントン、パトリック・ヘンリー、イーサン・アレンと実際の原子力潜水艦と同じものになっていました。

このアトラクションは来園者が知らず知らずのうちに、原子力潜水艦と、それを建造したアメリカ海軍とジェネラル・ダイナミックス社にいいイメージを持つようになることを意図して作られたのです。

「わが友原子力」とノーチラス号

このアトラクションはディズニーの科学番組とも深い関係があります。

ドワイト・アイゼンハワー政権で広報を担当したアメリカ合衆国情報局（広報庁ともいう）次長のアボット・ウォッシュバーンは、原子力とその平和利用についてアメリカ国民や同盟国の国民に、わかりやすく説明することが必要だと思いました。そこで一九五五年、彼はディズニーにこのような目的にかなうテレビ番組を作るよう依頼しました。

翌年、ウォルトはこの番組の脚本を書くようチャールズ・ショウズに命じました。しかしショウズはコメディー番組の脚本家だったため、こんな科学番組の脚本はとても書けないと断りました。それでも、ウォルトは、調べ物をする助手をつけたり、彼がいろいろ聞けるようにとアメリカ原子力委員会のアイソトープ部門部長ポール・アバーソルドをスタジオに呼んだりしてバックアップしました。これはアメリカ政府がかなりこの番組を重視していたということを示しています。

　この番組は「アワ・フレンド・ジ・アトム」というタイトルが付きました。いかにも、アメリカ政府が原子力の平和利用を国民に広報するために作った番組にふさわしいタイトルです（日本で日本テレビから放送されたときは「わが友原子力」というタイトルがつけられましたので、以下はそう呼ぶことにします）。

　この番組でホストを務めるウォルトは、原子力をアラジンの魔法のランプの精になぞらえ、その力を発見した古代ギリシア人、キューリー夫人、アインシュタインなどを紹介しながら、それがどんな力を秘めているかをわかりやすく解説していきます。

　そして、その過程で、原子力が核兵器のほかに、潜水艦、飛行機、発電所の動力、放射線治療や農作物の成長促進などにも使用されていることを述べます。最後は、この力は賢明に用いれば人類に幸福をもたらすが、使い方を誤れば人類に破滅をもたらすと結んでいます。

　注意してみると、冒頭の場面に原子力潜水艦ノーチラス号が出ています。画面のこちら側の視聴者に向けて話を切り出すウォルトが手で指し示しているのが原潜ノーチラス号の模型なのです。

この番組は、ディズニーの大ヒット映画『海底二万哩』からとった映像で始まっています。この映画に登場する潜水艦もノーチラス号といいますが、これは偶然ではなく、ジェネラル・ダイナミックス社がこの映画の原作になったジュール・ベルヌの同名の小説にでてくる無敵の潜水艦にちなんで名づけたのです。したがって原潜ノーチラス号がでてくる前に同名の潜水艦が活躍する『海底二万哩』の場面があるのは巧みな構成といえます。

見方によっては、「わが友原子力」がそうであるように、映画『海底二万哩』もまた「サブマリン・ヴォヤッジ」と同じく、原子力潜水艦ノーチラス号の宣伝だったといえなくもありません。なお、「わが友原子力」は『ウォルト・ディズニー・トレジャーズ』というＤＶＤに入っていて今でも見ることができます。

アメリカの未来を護る原子力潜水艦

この番組は評判を呼びました。それに気をよくしたアメリカ海軍とジェネラル・ダイナミックス社がスポンサーとなり、ディズニーランドに「サブマリン・ヴォヤッジ」を作らせることになったのです。

しかし、このときすでに「海底二万哩」のアトラクションがありました。このアトラクションは開園当初から、それもアドベンチャーランドではなく、トゥモローランドにあったのです。似たような深海物のアトラクションをあえて新設したのは、強力なスポンサーがあってこそ、だったのでしょう。こうして、このストーリーの冒頭に述べたオープンの日を迎えることになるのです。

オープンからおよそ三カ月後の一九五九年九月、アメリカと冷戦を戦っていたソヴィエトの首相ニキタ・フルシチョフが訪米しました。彼はディズニーランドに行くことを強く希望しましたが、国務省が警備上の理由でこれを断わりました。これに対して彼が激怒したことは今でも語り草になっています。

ウォルトはこの訪問が実現していたら、フルシチョフにこういうつもりだったそうです。「さて、フルシチョフさん。これがわがディズニーランド潜水艦隊です。世界第八位の規模を誇っております」

このアトラクションがオープンしたときは「この艦隊は現在世界最大の規模を誇っております」と説明しているので矛盾しますが、原子力潜水艦隊としては世界第一位だが、潜水艦隊としては第八位だととれば矛盾はなくなります。どっちにせよ、本物ではないのです。もしかするとフルシチョフがディズニーランドでもっとも見たかったのは、この「サブマリン・ヴォヤッジ」だったのかもしれません。

このような経緯があるので、当時のアメリカのゲストたちは、このアトラクションを、原子力の平和利用の一例として、そしてアメリカ海軍が達成したすばらしい成果として、晴れやかで誇らしい思いで楽しんだことでしょう。ほとんどのアメリカ人は、私たち日本人のように、戦争や軍隊などのマイナスイメージと重ねてこのアトラクションを見なかったと思います。ただし、この翌年の一九六〇年には前述のように核弾頭を搭載したポラリス・ミサイルを装備した原潜を世界の海に配備するようになります。こうなると「原子力の平和利用」という謳い文句もいささか怪しい感じがしてきます。

それでも、そのイメージが核戦争と結びつきやすく、ディズニーランドのアトラクションとして相応しくないと判断され、それまでのグレイと赤の原子力潜水艦から、黄色で船体が丸みを帯びた海底探査船に変えられたのは、作られてから二八年もあとの一九八七年のことだったのです。

第6章　ウォルト亡きあとの大転換

スペース・マウンテンは変化の兆し

一九六六年一二月、ウォルトがこの世を去りました。

これはディズニーに大きな変化をもたらしましたが、ディズニーランドにもそれに劣らない大きな変化をもたらしました。

テーマパークに関してはほぼ一人で決めてきた人間が、ウォルト・ディズニー・プロダクションズからいなくなったのです。ただし、ディズニーランドを変えていくとき、ウォルトの動機や哲学に縛られる必要がなくなった、ともいえます。

これは、イマジニアにとっては、チャンスが大きく開けたことを意味します。つまり、ウォルトの意図や固定観念のしばりがなくなり、自由に発想し、計画できるようになったのです。ウォルトの、ウォルトによる、ウォルトのためのディズニーランドの時代は終わりました。そのきっかけがマジック・キングダム建設でした。

フロリダ州オーランドにこのテーマパークを作るとき、ディズニーのトップのロイとイマジニアたちの間に意見の違いが生じました。ロイはマジック・キングダムでも、弟ウォルトの意図を生かそうとします。つまり、ディズニーランドと同じものを作るということです。

また、ロイは会社の実務をしていたので、現にアナハイムで大成功しているのだから、余分な開発費をかけたり、リスクを冒したりしないで、まったく同じものをオーランドに作るべきだと考えていました。

しかし、これではイマジニアは、腕のふるいどころがなく、やる気もなくなります。ウォルトがいなくなって重石も取れたので、イマジニアたちは粘りました。なにかこれまでにないものを作らせてくれということです。それが実現した最初のものが日本でもお馴染みの**「スペース・マウンテン」**でした。

改めて考えてみると**「スペース・マウンテン」**とは変な言葉です。「宇宙空間の山」ということですから。地球や月などの天体の上にある山はイメージできるのですが、「宇宙空間の山」はなかなかイメージが湧きません。

これは、このライドの製作にかかわったジョージ・マクギニスが「マウス・プラネット」というサイトに掲載した記事によれば、ウォルトの造語だそうです。

マクギニスによると、ウォルトは生前、トゥモローランドの「ロケット・トゥ・ザ・ムーン」のあたりに、「マッターホーン・ボブスレー」のようなジェット・コースタータイプのライドを作ろうと思っていたそうです。そして、彼を病床に呼んでそのデザインや設計を彼に命じたということです。「ということです」とわざわざいったのは、私はそうでなかった可能性があると考えているからです。

ウォルトは、ジェット・コースターがあまり好きではありませんでした。普通の遊園地によくあるものだからです。このようなありふれたものが、ウォルトのきわめてユニークなテーマパークにあってはいけないというわけです。

それに、これまで見てきたように、ウォルトは、ディズニーランドは、過去を生き直し、未来に思いをはせるところでなくてはならない、そして、そうさせるようなストーリーがなければならないといってきました。したがって、ただ、キャーキャーいうだけで、あとになにも残らないようなもの、ジェット・コースター系のライドは、ディズニーランドにふさわしくないと主張してきたのです。

作りたかったのはイマジニア

例外がなかったわけではありません。たとえばウォルトは生前に「マッターホーン・ボブスレー」を作っています。これはジェット・コースターのようなライドです。でも、これは、オリジナル・ディズニーランドがあまりにものっぺりとして凹凸がないということと、「スカイウェー（スキー場のリフトのような乗り物）」を作るためにファンタジーランドとトゥモローランドのあいだになにか高さがある建造物を建てる必要性に迫られたからです。

ウォルトは、それをむき出しの鉄塔ではなく、山のようなものにしようと考えました。これにさらに、ウォルトがスイスのマッターホルンが好きで、その乗り物もそれまでどの遊園地にもなかった、ボブスレー型のまったく新しいものだったということが加わります。これだけの理由が重なったので、「マッターホーン・ボブスレー」は作られましたが、それでもコースを雪洞にしたり、ユキヒョウやイエティーやマンモスを出したりしてストーリー性を持たせています。

このようなことから、ウォルトが「マッターホーン・ボブスレー」を作ったからといって、マジック・キングダムのトゥモローランドに、「スペース・マウンテン」も作ろうと本気で考えていたか、私には確信が持てないのです。

それに、ウォルトの生前にはディズニー・ワールドのマジック・キングダムの計画はそれほど固まっていませんでした。ウォルトは、イマジニアにアイディアをたくさんださせていましたが、それらをすべて進めよう、製作しようとは思っていなかったことは確かです。出た案をすべて実現させることはできませんから。

というわけで、マクギニスが嘘をいったとはいいませんが、ウォルトは必ずしも実行に移すことを念頭において、マクギニスのアイディアに耳を貸したのではないでしょう。一方、これまでにない、新しいライドを作りたくてうずうずしているイマジニアは、ウォルトが彼にお墨付きを与えたと解釈したのです。

もっとも、ウォルトの移り気は有名で、ゴーサインを出したものをボツにするのは珍しいことではありませんでした。彼のような責任の重い立場の人間にとって、これがしばしば起こるのは仕方のないことです。

ストーリーに苦しむ

さて、イマジニアたちの**「スペース・マウンテン」**の計画のなかには、ウォルトが生きていればおそらく難色を示したであろうと思われる点が複数あります。

第一にこのライドは、ほかの遊園地にもあるような鉄骨を組んで作った構造物になっていることです。普通の遊園地のジェット・コースターと違うのは、屋根がかかって、真っ暗ななかを走るということです。そうすることによって、普通のコースターにはないスリルが生まれます。

しかし、ウォルトが生きていれば、屋根をかけた上で、鉄骨を組むタイプではない、「マッターホーン・ボブスレー」や、あとで作られることになる**「ビッグサンダー・マウンテン」**のような構造物にしたでしょう。

ちなみに、外側の建物はミツ・ナツメという人がデザインしました。名前からして日本人か日系人だと思われるのですが、一九六〇年代の終わりにWEDを辞めているので、確認できません。謎の人物です。

ウォルトが生きていれば、さらに強く非難したと思われる第二の点は、やはりストーリー性の欠如です。実はイマジニアたちはこのことにかなり苦しみました。どうやって映画のような場面を作り、ストーリー性を持たせるかということです。それには背景や人や動物やものをコースに置かなければならないのですが、鉄骨を組んでらせん状にしているという性質上、こういったものを置くことはできないのです。そこで、彼らはなんとかライドの発着場だけをストーリー性のあるものにしました。つまり、宇宙船の発着場を思わせるような光の長いトンネルと効果音です。

これはスタンリー・キューブリックの『二〇〇一年宇宙の旅』に出てくる宇宙船をイメージしています。ライドに乗ったゲストは、この発着場から宇宙空間へ向かって飛び出していくのです。そして、まるで飛行機に乗って旋回しているときのような荷重を体に受けます。

暗黒の宇宙空間を猛スピードで、しかも、コースを常に変えながら、飛行していく感覚が得られます。そして、宇宙空間にいるかのように感じさせる効果音がずっと流れます。この効果音は絶大な威力を発揮していると思います。

起こるべくして起こった変化

このライドが一九七四年末に完成したとき、ロイはすでに亡くなっていたので未亡人エドナが試乗会のために、フロリダに招かれました。もう七〇歳を越えたエドナは、スリル満点のこのライドが大変気に入りました。そして、幹部に満足げに、「気に入った」と感想をいいました。

これによって、この新しい路線は、創業者一族の承認を得たことになりました。それだけでなく、このライドがマジック・キングダムで一九七五年一月一五日のオープンと同時に大人気になったため、ディズニーランドにも作られることになり、一九七七年五月二七日にオープンしました。

「スペース・マウンテン」の建設は、ウォルト路線が変更されたことを象徴的に示すものでした。つまり、ストーリー性絶対重視から、スリル優先への変更です。イマジニアたちは、ウォルトの哲学を引き継ぎつつも、それに必ずしもとらわれなくなりました。

ディズニーランドはウォルトの遺言であり、遺産のようなものです。いかに人気があるとはいえ、ウォルトが生前に作らなかったものを新たに加えるということは、創業者一族とこれらの人々を含む会社幹部にとって、心理的に抵抗がありました。

しかし、それも、**「スペース・マウンテン」**によって、壁を破りました。

これ以後、イマジニアたちは、ウォルトの哲学を尊重しながらも、ハイテクノロジーをジェット・コースターに応用することによって、常に新しいスリルをゲストに与えることに邁進《まいしん》し始めるのです。

これはウォルトの死後、起こるべくして起こった変化でした。それによって作られたのが「ビッグサンダー・マウンテン」や「スプラッシュ・マウンテン」だったのです。

ビッグサンダー・マウンテンはどこにある

「ビッグサンダー・マウンテン」も人気のあるアトラクションです。ではこのマウンテンは、アメリカのどこをモデルにしているかご存知でしょうか。日本ではディズニーランドのガイドブックのようなものが氾濫していますが、どれにもこのようなことは書いていないので、ご存知ないかと思います。

「ビッグサンダー・マウンテン」の基本的モデルは、アリゾナ州とユタ州にまたがって広がるモニュメント・ヴァレーです。アメリカの西部劇では、よく草がところどころ生えた広大な砂漠の向こうに岩山がそびえている景色がでてきますが、その多くはこのモニュメント・ヴァレーです。西部劇はもちろんのこと、『未知との遭遇』や『フォレスト・ガンプ』など現代を舞台にした映画にもしばしば出てきます。

アメリカ的景色としてアメリカ人のあいだに定着していながら、どことなく神秘的で、この世ならぬところがあって、いろいろいわくや伝説がありそうに感じるからです。なにせ、ナバホと呼ばれるネイティヴアメリカンの部族の聖地なのですから。

ディズニーのイマジニアのマーク・デイヴィスがここをアトラクションのモデルにしたのも、きわめてポピュラーであるというほかに、ストーリー性が豊かだったからです。実際、最初のころのスケッチのなかには、この岩山の前でネイティヴアメリカンが雨乞いの踊りを踊っているものなどがあります。また、このころのスケッチの一つを書いたのは、先ほども登場した謎の日系人（あるいは日本人）ミツ・ナツメです。

デイヴィスはこのアトラクションに「サンダー・メサ」という名前をつけました。「サンダー・メサ」は「雷の山」という意味ですが、デイヴィスはネイティヴアメリカンの雨乞いの踊りを念頭においていたようです。つまり、雷を呼ぶ山、雨を呼ぶ山という意味です。雨は、砂漠地帯では生命と豊穣の源です。実はこのアイディアの段階では、**「スペース・マウンテン」**よりも先行していました。それが追い抜かれたのにはいろいろな事情があります。

六〇〇〇万ドルのライド

デイヴィスの構想した「サンダー・メサ」は、ジェット・コースター系ではありますが、きわめてウォルト的でした。というのも、オリジナル・ディズニーランドにある「レインボウ・カヴァーンズ・マイン・トレイン」をベースに置いていたからです。これはディズニーランドのフロンティアランドに作られたもので、人工の砂漠や奇岩や間欠泉や岩山のミニチュア版をトロッコに乗って見物するというものです。

ウォルトはもともとこのようなユタ州やアリゾナ州にあるような風景になじみがあり、思い入れもありました。そもそもこのような景色は、ユニオン・パシフィック鉄道がデンヴァーで工事をやめず、さらに西に進んでいたら、エライアスが線路の敷設工事のかたわら、毎日見ていたはずのものです。エライアスは、アメリカ南西部の岩山や渓谷を見ながら、日々の厳しい仕事に耐え、その先のカリフォルニアでの生活に思いをはせたことでしょう。

第二次世界大戦の前の鉄道全盛の時代では、ウォルトを含め、南カリフォルニアに住む人々がロサンゼルスからカンザスシティ方面、あるいは逆にカンザスシティ方面からロサンゼルスに行くにはアトランティック・パシフィック鉄道かサザン・パシフィック鉄道かサンタフェ鉄道を使いました。

遠回りになりますが、サンフランシスコを経由してロサンゼルスへ行くなら、セントラル・パシフィック鉄道を使うこともできます。アトランティック・パシフィック鉄道、サザン・パシフィック鉄道、サンタフェ鉄道を使用するなら、ニューメキシコ州とアリゾナ州、セントラル・パシフィック鉄道使用ならユタ州とネヴァダ州を通ります。

これが重要なのは、「レインボウ・カヴァーンズ・マイン・トレイン」や**「ビッグサンダー・マウンテン」**などのアトラクションの風景のモデルとなっているのは、この鉄道沿線の地域にある風景だからです。つまり、あの風景はアメリカ人にとっては大いに意味があるのです。

ウォルトは汽車でこのアメリカ南西部を通り、岩山や渓谷を見るたび、エライアスのことを思い出し、このような想像をめぐらせていたのではないでしょうか。

もちろん、ウォルトだけでなく、この地域に住むほかの多くのアメリカ人も、それぞれの人生のいろいろな思いを胸に抱きながら、車窓からこのような風景を見ていたはずです。

加えて、デイヴィスがこの構想を打ち出した一九六〇年代の終わりには、飛行機の利用者が増えつつあったので、このようなアリゾナやユタの景色は、ノスタルジックな風景になってきていました。したがって、ウォルトは「レインボウ・カヴァーンズ・マイン・トレイン」をベースにし、全体をスケールアップしたうえで、そこに巨大でストーリー性豊かな岩山を加えるというアイディアには反対しなかったと思います。

しかし、巨大な岩山を中心にし、その高低差を利用して、トロッコをスリル満点のジェット・コースターにするというアイディアに賛成したかどうかはわかりません。こういったライドがストーリー性よりもスリルを重視しているのは明らかです。また、そうすることで巨額の建設費が追加でかかります。実際、この構想は資金の面で難航しました。

すでにウォルトはこの世にいなかったので、デイヴィスが構想を持っていったのはロイのところでした。ロイは、ウォルトの路線の延長線上にあり、また、ストーリー性も前よりは豊かになるということで、この「レインボウ・カヴァーンズ・マイン・トレイン」のジェット・コースター化という構想を、しぶしぶ支持しました。そして、一九六九年にそれをディズニーランドのニュー・ヴァージョンであるフロリダのディズニー・ワールドのマジック・キングダムに将来作ることを認めました。

問題は巨額の予算でした。計画が具体化した一九七〇年代初めに見積もってみたところ、石油危機のさなかなのに六〇〇〇万ドルという数字が出てきました。ディズニーランド全体の建設費が一九五五年当時で一七〇〇万ドルでした。その後の物価の上昇を考えても、一つのアトラクションにこれだけの予算をかけるのは問題です。

この巨額の予算がネックとなって、フロリダにマジック・キングダムがオープンしたとき、そのなかに**「ビッグサンダー・マウンテン」**はありませんでした。

また、マジック・キングダム開園の二カ月後、一九七一年一二月二〇日にロイも亡くなってしまいます。デイヴィスは支持者を失っていたのです。そして、ロイの死後、ウォルト・ディズニー・プロダクションズは強力な指導力を発揮する人物がいなくなりました。そのため「サンダー・メサ」の構想はたなざらしにされることになります。

プロジェクト再始動

石油価格も落ち着きを見せ始めた一九七四年になってようやく会社幹部は構想の凍結を解くことを決め、デイヴィスに計画を再開することを許しました。デイヴィスは弟子のトニー・バクスターにこの仕事を与えました。

バクスターは、もともとアナハイムのディズニーランドの近くに住んでいて、パーク内でアイスクリーム売りのアルバイトをしていたこともある若者でした。彼は、アトラクションの立体模型作りをもっとも得意としていました。

バクスターの手でデイヴィスの「サンダー・メサ」はまったく別のものに変わりました。デイヴィスのものは、遠くにメサが見え、手前に山師たちの小屋などがあり、そのそばをウェスタン・リヴァーが流れているといった、比較的平べったいものでした。

これをバクスターは、全体が高くて、起伏の激しい山になっていて、そこにとがった岩が林立する渓谷や鍾乳洞があり、打ち捨てられた鉱山と酒場や店の廃屋があるというものに変えました。

驚くのは、バクスターが単に模型を作っただけでなく、ストーリーまで考えていたことです。それはアリゾナあたりの民間伝承に基づくもので、雷の神が守っている聖なる山をゴールド・ラッシュのときにやってきた山師たちが勝手に掘ったために呪われるというものでした。

そこで、バクスターはストーリー・ボードを使ってこのようなストーリーと場面の流れを作ってみました。ストーリー・ボードとは、よくアニメーションの制作などに使われるもので、場面の展開などを示すための絵を貼っていくボードです。つまり、彼はアニメーションを作るやりかたでアトラクションを作ったのです。

現在の「**ビッグサンダー・マウンテン**」の内容から推測すると、およそ次のようなストーリーと場面展開を考えたようです。

ゲストはゴールド・ラッシュ時代の呪われた鉱山に来ています。そしてトロッコの発着場になっている小屋にやってきます。なにげなくトロッコに乗ってみると、それは勝手に走り出します。

トロッコは廃坑の中を猛スピードで走り、こうもりの洞窟、小さな滝、鍾乳洞、切り立った岩の谷間、打ち捨てられた酒場や店、動物の骨が散らばっている岩を次々と通り過ぎていきます。そして、もとの小屋に戻ってきてようやく止まります。

会社の幹部たちは、この案が大いに気に入りました。

スリルは客を呼ぶ

ところが、またしても、この案にはストップがかかってしまいます。それより先に「**スペース・マウンテン**」を作りたいというのです。たしかに、アメリカはアポロ一一号などが月面に人を送り込み宇宙開発ブームでした。「スペース・マウンテン」はアポロ計画の成功を祝う記念碑としての意味も帯びていました。これに巨額の資金を投入するので、「ビッグサンダー・マウンテン」は先送りせざるを得ないとイマジニアたちは会社幹部にいわれました。

こうして引き伸ばしているうちに、皮肉なことが起こりました。「ビッグサンダー・マウンテン」は、もともとマジック・キングダムに初めに作る予定で、その予定地の広さにあわせて設計していたのですが、これをディズニーランドのほうに先に作ることが会社の方針で決まったのです。

「スペース・マウンテン」をディズニーランドに導入した結果、「スリル・ライド」つまりゲストにかなりの重力が加わり、スリルを味わえるタイプのライドに対するゲストの要求が高まったため、ディズニーランドにもう一つこのタイプのライドを作らなければならないというのです。西海岸のディズニーランドと東海岸のディズニー・ワールドの入場者数や入場者の好みから、このような判断を下したのだと思います。

問題はディズニーランドの予定地の敷地が狭いうえ、近くにあるアトラクションも違うということです。このため、バクスターは少しデザインを変え、岩山のモデルもユタ州のブライス・キャニオンにしてみました。ここの岩肌はピンクがかった面白い色合いが特徴です。マジック・キングダムのモニュメント・ヴァレーのヴァージョンと同じにしないためです。

こうして、開発から一〇年後、設計図の完成からおよそ四年後の一九七九年九月一五日、ようやく**「ビッグサンダー・マウンテン」**は、ディズニーランドでまずオープンしました。建設費は当初予定されていた額の約四分の一の一五八〇万ドルまで絞られました。それでも二四年前のディズニーランドの総建設費にほぼ匹敵します。

それからおよそ一年後の一九八〇年九月二八日、今度はマジック・キングダムでオープンしました。こちらのほうの建設費は明らかになっていませんが、ディズニーランドのものよりも大掛かりなので、より高くついていることは確かです。

このアトラクションはどちらのテーマパークでも大成功を収めました。

このころ他のテーマパークで主流になっていた「スリル・ライド」であるうえ、豊かなストーリー性をもっているからです。そして、効果音の妙も見逃せません。ゲストにスリルや恐怖感や期待感（落ちていくときの）を与えるあの車輪の回転の音、きしむ音、弾む音は、実際にトロッコが出している音ではありません。ゲストの心を読んで、絶妙

「ビッグサンダー・マウンテン」のモデル2つ。アナハイム版のブライス・キャニオンの奇岩（上）と、フロリダ版のモニュメント・ヴァレー（下）（撮影・著者）

のタイミングと大きさで人工的に出しているものです。それによってゲストの心を強く、深く揺さぶっているのです。映画会社ならではのテクニックです。この効果音は**「スペース・マウンテン」**でも使われていますが、**「ビッグサンダー・マウンテン」**のものは、もっと手がこんでいます。

このアトラクションの大成功は、バクスターなど若手イマジニアを成長させました。

「スプラッシュ・マウンテン」ストーリー

一九八九年七月一九日にディズニーランドでオープンして以来、**「スプラッシュ・マウンテン」**は、**「ビッグサンダー・マウンテン」**と並んで人気が高いアトラクションです。ライドが滝を急降下し、最後には大きな水しぶきをあげ、ゲストはびしょ濡れになりながらも歓喜の声を挙げます。

しかし、このアトラクションのストーリーとなると、日本人は、よほどアメリカ文学と映画に詳しくないかぎり、思い浮かべることができないでしょう。

実際、このアトラクションではゲストは最後にライドごとイバラの茂みに落ちて水を撥ね散らし（スプラッシュ）ますが、なぜイバラの茂みにスプラッシュするのか、なぜ、ウサギ、カメ、クマ、カエル、キツネが出てくるのか、なぜクマが縄でぶらさげられているのか、なぜウサギがキツネに縄で縛られているのか、なぜウサギが「笑う場所」のことをいっているのか、天井に蜂の巣がたくさんついているのか、そもそも**「スプラッシュ・マウンテン」**のモデルはなんなのか、知っている日本人はまずいないでしょう。

ということは、日本人が気に入っているのは、最後に乗り物の丸太が四五度の角度で滝を落ちていってスプラッシュするスリルだけだということです。これは「スリル・ライド」としてだけ楽しんでいるということで、とても残念です。

ところがアメリカ人にとっては、ディズニーランドで、これほどストーリー性が豊かなライドはありません。このライドは『南部の唄』というディズニー映画をテーマとしているのですが、この映画もアメリカ人によく知られたあるストーリーに基づいているのです。

それは、ジョエル・チャンドラー・ハリスという人が書いた『リーマスおじさんのお話』です。これはほかのものと一緒に九冊シリーズになっています。動物を擬人化して教訓的な内容を語るのでアメリカのイソップ物語と呼ばれます。

それぞれの一冊のなかで、リーマスおじさんという話好きの老人は、ウサギやキツネやクマやカエルやカメなどを主人公とする挿話を一話ずつ聞き手に語っていきます。『南部の唄』ではこのなかでも「クマさんがウサギさんにだまされて、ひどい目にあわされた話」、「キツネさんのつくったコールタールの人形」、「ウサギさんが笑いにいく場所」という挿話を取り上げています。

原作を手短に紹介しましょう。

「クマさんがウサギさんにだまされて、ひどい目にあわされた話」

——ウサギさんがキツネさんのピーナッツ畑を荒らしているうちに、仕掛けてあったワナにかかってしまいます。木の枝を曲げて、その先に縄の輪をつけて、それにひっかかったらつるし上げられてしまうあのワナです。

そこに、クマさんが通りかかります。クマさんはウサギさんになにをしているのかと訊きます。ウサギさんは一分間に一ドルで畑を見張るアルバイトをしているのだと嘘をいいます。一分間に一ドルはとても割りのいいバイトです。そこでクマさんは替わってもらうことにして、ウサギさんをワナからはずし、自分がぶら下がります。このあとキツネさんがやってきてクマさんは畑荒らしとしてつかまり、むちで打たれてしまいます。

「キツネさんのつくったコールタールの人形」

——キツネさんがウサギさんを捕まえようとします。今度のワナはコールタールの人形です。ウサギさんは、案の定この人形にちょっかいをだしてコールタールまみれになり身動きできなくなってしまいます。

これを縄で縛ったあと、キツネさんが火であぶって食べようとするとウサギさんが声をかけます。火であぶるのは結構だが、イバラの茂みにだけは私を投げ込まないでくれとウサギさんは何度も懇願するのです。しないでくれ、と頼まれると、どうしてもしたくなります。キツネさんは火をおこすのが面倒になり、ウサギさんをイバラの茂みに投げ込みます。ウサギさんはイバラのなかでコールタールをとって、今度もまんまと逃げることに成功します——。

「ウサギさんが笑いにいく場所」

——動物たちが退屈しのぎに「笑い比べ」をしようと相談します。すると、例によって、ウサギさんが「笑う場所」でもないのに笑うことはできないと意味深なことをいいます。みんなはその「笑う場所」とやらがどんな場所なのか知りたくなります。そこでキツネさんがみんなを代表して、ウサギさんについていって「笑う場所」がどんなところなのか見にいくことになりました。

キツネさんは、いわれるままに、キイチゴやスイカズラのヤブにいき、いわれるままに走り回りましたが、スズメバチに全身を刺されただけでした。こんな目にあったのではとても笑うどころではないと不満をいうとウサギさんはキツネさんにこういいました。「ここはあなたが笑う場所ではなくて、私が笑う場所なのだ。私はさっきからあなたを見ていて腹をかかえて大笑いしている」――。

『リーマスおじさん』と『南部の唄』の違い

このように原作のストーリーを紹介すると、アトラクションのなかにイバラがたくさんでてきたり、クマさんがつるされていたり、ウサギさんが縛られていたり、ウサギさんが「笑う場所」のことをいっていたり、蜂の巣が天井に下がっていたり、そして最後に、ゲストがイバラの茂みのなかに四五度の角度で落ちていく理由がわかります。

つまり、**「スプラッシュ・マウンテン」**でライドに乗ったゲストは、リーマスの物語集の挿話の場面を一つ一つ見たあと、最後にウサギさんのように、イバラの茂みに投げ入れられたのです。

しかし、ディズニー映画の常として、ウォルトは『南部の唄』では原作を改変しています。

まず、「クマさんがウサギさんにだまされて、ひどい目にあわされた話」では、キツネさんはクマさんをむちでうつことはしません。また、畑荒らしの濡れ衣を着せられることもありません。

それにキツネさんとクマさんは、漫才で言うボケとツッコミのコンビになっています。つまり、キツネさんがはしっこくていろいろツッコむのに対し、クマさんはスローで間が抜けていてカモにされます。

「キツネさんのつくったコールタールの人形」では、キツネさんのほかにクマさんまで出てきて、みごとにウサギさんにまるめこまれてしまいます。そして、こん棒でやっつけようとか、はやくイバラの茂みに投げ込もうとかいって、火あぶりにしようとしているキツネさんの邪魔をします。ですが、大筋はほぼ原作どおりです。

「ウサギさんが笑いにいく場所」では、いろいろな動物が笑い比べについて相談するという場面はなく、いきなりウサギさんが捕まっていて縄で縛られている場面から始まります。ツッコミ役のキツネさんのそばには、あいかわらずボケ役のクマさんがいます。そして、ウサギさんの「笑う場所」の話に好奇心をそそられてウサギさんに案内させるのは、ボケ役のクマさんのほうです。もちろん、キツネさんもその後を追います。

このような流れですので、スズメバチの巣に鼻を突っ込むのもクマさんのほうです。このクマさんを見てキツネさんも大笑いするので、クマさんは怒ってキツネさんに飛びかかります。それをウサギさんがみて、また大笑いするというわけです。いうまでもなく、**「スプラッシュ・マウンテン」**の中の場面は、このディズニー版に基づいています。そして、テーマパーク内のアトラクション**「スプラッシュ・マウンテン」**のデザイン上のモデルは、映画の中に出てくるキツネさんが住んでいる小高い丘です。

なぜ『南部の唄』は封印されたのか

原作と『南部の唄』のストーリーを少し長く紹介してきましたが、これには理由があります。『南部の唄』は、日本で一九五一年に上映され、一九九二年にヴィデオ・ソフトが販売されましたが、現在では、再上映も放送もされず、ヴィデオ・ソフトもＤＶＤ

も販売されていないのです。

このため、一九年前に販売されたヴィデオ・ソフトを持っていない人は、オークションで中古ヴィデオ・ソフトを入手するか、持っている人から借りるかしないと見ることはできません。つまり、『南部の唄』は現在見ることが難しいのです。

『南部の唄』を見ていないのなら、その原作がなんであり、もともとの話はどうなっていたかには、興味さえ持たないでしょう。にもかかわらず、原作のストーリーを知り、『南部の唄』のストーリーを知っていることはとても重要です。

「スプラッシュ・マウンテン」は、まさしく『南部の唄』の中の場面の連続で、ストーリー性が豊かなので、これを知らないと、ただスプラッシュマシンに乗ってしぶきをかぶっただけになるからです。

このようなことがわかってくると読者は、次のような疑問を持つと思います。

「なるほど、**『スプラッシュ・マウンテン』**は、『南部の唄』を見ていないと楽しめないのか。それなら、なぜ『南部の唄』は今見ることができないんだろう。また、なぜそのような映画をテーマとするアトラクションを作ったんだろう」

これは当然の疑問です。これらの問いに答えたいと思います。

まず、なぜ『南部の唄』は現在見ることができないのかということですが、これはアメリカの黒人団体が一九四六年に初上映されたときから、この作品に黒人差別が含まれていると抗議し続けたからです。

たしかに、この作品のヴィデオ・ソフト（アメリカ版）を見直してみると、キツネさんやクマさんは黒人のように描かれ、話す英語にも南部の黒人独特の言葉づかいとアクセントが認められるのに対し、ウサギさんは白人的に描かれ、話す言葉にも黒人のようなクセはありません。

黒人団体がとりわけ問題にしたのは、主人公のリーマスおじさん役である黒人の召使が、かなり誇張されて描かれているという点でした。つまり、不自然に皮膚が黒く、汚く見えるうえ、目もやたらとぎょろぎょろしているというのです。

さらに実際に黒人奴隷がいた南部プランテーションでは、白人農場主が黒人に一方的に非人道的な労働と生活を強いていたのに、この映画では白人と黒人がそれなりに仲良くやっていたように描かれているという理由がこれに加わります。

この抗議に対してディズニー側は、こう答えてきました。

「アメリカの民話をたどり、それを映画によって保存することのほうが、表明されている懸念（黒人差別のこと）より重要だと考えています」

この考えにしたがってディズニー側は、この作品が一九四六年に初上映されたあとも、一九五六年、一九七二年、一九八〇年、一九八六年と再上映してきました。ところが一九八六年以降は再上映せず、ヴィデオ・ソフトの製造もしませんでした。

このあと、一九九二年から日本でこの作品のヴィデオ・ソフトの販売が始まりました。この年、東京ディズニーランドに**「スプラッシュ・マウンテン」**が新しいアトラクションとしてオープンしたからです。このヴィデオ・ソフトは、約三〇万本を売ったのち、一九九五年に製造を止めます。三〇万本というのは今では途方もない大ヒットですが、当時でもかなりのヒットです。このころの関係者によると、売れているのに製造を止めたのは、日本では問題になっていないが、アメリカで問題になっているので自粛したということです。

これで、なぜ『南部の唄』が現在見られなくなっているのかはわかりました。次は、ではなぜこの映画を**「スプラッシュ・マウンテン」**のテーマにしたのかということです。

黒人団体の抗議に対する対抗措置としてこのようなことをしたのでしょうか。

なぜ『南部の唄』がテーマになったのか

ディズニーの一員として、イマジニアたちはこのような抗議を不快に思っていたでしょう。とはいえ、それへのあてつけといった雑念が入ったのでは、複雑なデザインで、精緻な構造を持ち、高度のテクノロジーを随所に使って巨額の予算を費やすアトラクションは作れません。イマジニアたちは、さまざまなことを勘案し、細かい検討を加えた上で『南部の唄』をテーマに選んだのです。

その第一は、アトラクションにしやすいということです。この映画は実写の部分とアニメーションの部分から成り立っていますが、アニメーションの部分の舞台は小高い丘や斜面やそこに続く坂です。とくにキツネさんの住んでいる丘は、現在の**「スプラッシュ・マウンテン」**を見てもわかるように、とても絵になります。

第二の決定要因はテーマとカテゴリーのバラエティです。**「スペース・マウンテン」**のテーマは未来で科学です。**「ビッグサンダー・マウンテン」**のテーマは過去で冒険です。

こう考えると、過去でも未来でもなく、ファンタジーがテーマになっているマウンテンがないことに気がつきます。しかも、ディズニーの本領であるアニメーション映画をテーマにするマウンテンはそれまでなかったのです。

　さらに当時はアメリカの憲法制定二〇〇周年（一九八七年）が近づいていたという要素もありました。つまり、アメリカに起源をもつアメリカ的なものが望ましかったのです。

　あまり意識されていませんが、ディズニー映画の原作のほとんどが実は、ヨーロッパの民話や童話です。「白雪姫と七人のこびと」「ピーター・パン」「クマのプーさん」「シンデレラ」等々、いずれもアメリカのものではありません。これに対して、『南部の唄』の原作はアメリカを代表する民話『リーマスおじさんのお話』です。

　ほかに、アメリカの童話や民話を原作にしている映像作品としては、『トード氏』と『ダンボ』がありますが、すでにファンタジーランドのアトラクションとなっていて、しかも人気があり、廃止の予定はありません。

　こうなると、『南部の唄』が**「スプラッシュ・マウンテン」**のテーマになるのが一番自然だったことがわかります。

突然登場した人魚

このアトラクションの設計にあたったのは、**「ビッグサンダー・マウンテン」**で押しも押されもせぬトップ・イマジニアに成長したバクスターでした。彼は、前回とおなじようにストーリー・ボードを使って、『リーマスおじさんのお話』の挿話の中の場面を連ねて、ストーリーを組み立て、かつキツネさんが住んでいる丘の模型を作りました。

しかし、原作や『南部の唄』に出てくるコールタールの人形は、アトラクションのなかに置きませんでした。いうまでもなく、黒人を連想させるからです。

また、抗議の的になった黒人の召使もまったく出しませんでした。もっとも、彼は映画の実写の部分（アニメーションではない部分）に出てくる人物なので、もともと出すつもりがなかったと思います。

前回と違うのは、このアトラクションはレールをつかったジェット・コースターではなく、水を流して乗り物の丸太を運ぶウォーター・ライドだということです。これは設計上の難問でもありましたが、脂ののってきたバクスターはなんなくクリアします。そのうえで、このアトラクションの目玉である、一気に八〇フィート（約二四メートル）落下してイバラの中でしぶきをあげるウォーター・シュートを組み込むために、山のデザインを修正しました。これで完成です。

バクスターは当初このライドに「ジッパディ・リバー・ラン」という名前をつけていました。映画の主題歌で現在でもディズニー音楽の代表曲となっている「南部の唄」が「ジッパディ・ドゥダー、ジッパディ・エー」で始まるので、これにちなんだのです。

ところが、新しくディズニーの最高経営責任者になったマイケル・アイズナーは、これを**「スプラッシュ・マウンテン」**に変更するように命じました。当時、ダリル・ハンナとトム・ハンクス主演の『スプラッシュ』という映画が大ヒットしていたので、このタイトルを使えというのです。しかも、アイズナーはこのアトラクションのどこかに人魚がでてくる場面を入れるようにという変な注文もつけました。

この映画が、人魚のハンナがハンクスに恋をして人間になり、現代のニューヨークにやってきて恋物語を展開するという『人魚姫』の二〇世紀版だったからです。アイズナーは、自分が会社のトップになって初めてヒットした映画なので、これまた自分がディズニーにやってきてから初めてオープンする新しい大型アトラクションのどこかに、この映画の成功の記念を残したかったのです。

しかし、どう考えてもこれは無理な注文です。ウサギさんやキツネさんやクマさんの話に人魚がでてくるのは、どういう風にもっていっても不自然になります。しかも、名前を「**スプラッシュ・マウンテン**」にしたのでは、このアトラクションと『南部の唄』のつながりがわからなくなってしまいます。

ですが、相手は会社のトップです。バクスターは彼の顔をつぶすわけにはいきません。そこで、人魚をどこかに出すというほうは譲歩してもらうかわり、名前のほうはアイズナーに譲ることにしました。こうして一九八九年、「**スプラッシュ・マウンテン**」はディズニーランドにオープンしました。

アイズナーは、『南部の唄』をテーマとしたこのアトラクションが作られることが決定した一九八六年、この映画を再上映しました。そして、このアトラクションが東京ディズニーランドにやってきた一九九二年、この映画のヴィデオ・ソフトの日本での販売を開始します。そのためソフトの本編の前の部分には、「**スプラッシュ・マウンテン**」のプロモーション映像がはいっていました。

ウォルトも映画やテーマパークのプロモーションの天才でしたが、アイズナーも相当なものです。ちがうのは、二人のテーマパークに対する考え方です。ウォルトはテーマパークとは面白くて、かつ、ためになるところで、したがって入場料は安くなければならないと考えていました。ですから、ゲストに入場料が高いといわれるとむきになって怒りました。

アイズナーにとってもテーマパークは面白くて、かつ、ためになるところなのですが、ディズニーという会社を支えるドル箱でなければならない、したがって入場料をあげるのは仕方ないという考え方をしていました。

このように考え方がかわるのも無理ないと思います。前にも述べたように、一九七九年に完成した**「ビッグサンダー・マウンテン」**は、二四年もあとのこととはいえ、ディズニーランド全体を建設するのと同じくらいのお金を必要としたのです。しかも、ほかのテーマパークも次々とスリル・ライドを導入し、ディズニーのおとなしい、教育的ライドに物足りなさを感じるゲストを奪っていました。

この競争に勝つためには、より多くの資金を調達し、より大規模でハイテクノロジーのライドを次々とオープンさせる必要があります。このために、入場料があがっていくのは、このような傾向が続く限り、しかたのないことなのです。

ウォルトがパイオニアとして巨大テーマパークに取り組んだとき、この市場はまだフロンティアでした。このフロンティアには、まだ理想とか夢が入り込む余地がありました。

しかし、アイズナーがディズニーを引き継いだとき、テーマパーク市場はもう開拓ずみで、ユニヴァーサル・スタジオやシックス・フラッグズなど同業者が熾烈な競争を繰り広げていました。テーマパークはビジネスで、理想や夢が入る余地はなくなっていたのです。

これが、ウォルトがいなくなって、三つのマウンテンがオープンするまでに起こった変化でした。

終　章　ディズニーランドは永遠に完成しない

東京ディズニーランドもアメリカ製

これまで、ディズニーランドを作ったウォルトのこと、そしてそのもとでアトラクションを作ってきた人のことを話してきました。そして、彼らがアトラクションを作ったとき、どんなストーリーがあったのかも。

また、ウォルトの死後、ディズニーランドを変えていったイマジニアのことも話してきました。そして、彼らがどのようなマウンテンを作り、そこにどんなストーリーがあるかについても。

こういったことを踏まえたうえで、あらためて東京ディズニーランドをよく見てみましょう。

今日、日本で外国製は珍しくありませんが、東京ディズニーランドも一〇〇パーセント、アメリカ製です。東京ディズニーランドがいかに日本人に愛され、日本独自の色を出している面があるにせよ、基本的にディズニーランドの歴史、ストーリーの延長線上にあるのは確かです。テーマパークとしてのコンセプトも、そして個々のアトラクションのアイディアもデザインもウォルトと彼に育てられたイマジニアのものです。

「スペース・マウンテン」と**「ビッグサンダー・マウンテン」**の初期のデザインを描いたミツ・ナツメは、ひょっとすると日本人かもしれないのですが、日本人としてではなく、ＷＥＤのデザイナーとしてこれらのマウンテンをデザインしたことは明らかです。

「プーさんのハニーハント」は、東京ディズニーランドにだけあるものだ、だから日本のものだと主張する人がいます。でも、東京ディズニーランドにだけあるとしても、デザインしたのはディズニーのイマジニアですし、しかも、プーさんそのものがディズニーのキャラクター（イギリスのＡ・Ａ・ミルンの童話に基づいている）です。

ディズニーシーは日本にしかないだろう。そういう人もいるかもしれません。でも、プランそのものは、ディズニーがかつてロサンゼルス近郊のロング・ビーチに作ろうとした海浜テーマパークのものです。

これは、埋め立てなどによって環境を破壊する恐れがあり、住民の反対にあって実現しなかったので、大幅にアレンジされてディズニーシーに生かされることになりました。だから、港があって、豪華客船などさまざまな船があって、外国のエキゾチックな建物があるのです。ロサンゼルス近郊のロング・ビーチにいったことのある人なら、ここがディズニーシーの元になったことがわかると思います。

ディズニーのイマジニアたちは、日本側の意見や要望を聞いたかもしれません。でも、計画やデザインそのものを日本側が作ったわけではありません。また、ディズニーのイマジニアがあらゆるものをデザインし、作ったうえで、それらのコピーを作るライセンスを日本側に与えているのです。素材や材料は日本で調達したものかもしれませんが、ライセンスに関する限り、東京ディズニーランド（そしてディズニーシー）にあるものは一〇〇パーセント、メイド・イン・アメリカだといえます。

文化的価値の違い

それでは、東京ディズニーランドは、アメリカにあるもののコピーであり、まったく同じものだということになるのでしょうか。物理的な面ではそういえるところが多いでしょうが、日本人にとっての文化的価値や意味を考えると、ディズニーランドと東京ディズニーランドは違うものであり、また違うものに進化していると私は考えます。

私はよくこう聞かれます。「なぜディズニーランドは世界中で人々に愛されているのでしょうか。なにか秘密があるはずですが、それはなんでしょうか」

このような質問をする人は、どうやらある前提条件に立っているようです。つまり、ディズニーランドはどこにあろうが、みな同じだということです。そして、世界中の人々が、それらのディズニーランドの同じところを同じように愛しているということです。

しかし、序章で述べましたように、東京ディズニーランドは、コンセプトにおいても、また物理的にも、オリジナル・ディズニーランドはもとより、モデルとなったマジック・キングダムとも異なるところがあります。一〇〇パーセント、メイド・イン・アメリカだとしても、一〇〇パーセントコピーではないのです。

東京ディズニーランドにあるものが、ものとしてアメリカにあるものと同じだとしても、日本人の受け止め方、楽しみ方は、当然アメリカ人とは違ってきます。

たとえば、鉄道です。日本人のなかにも鉄道ファンはたくさんいます。毎週のように電車や新幹線を見に行き、それを写真に撮る人々がいます。また、期間限定でローカル線を走るデゴイチ（D51）のような蒸気機関車が見たくて、その地方まで行く人々がいます。

このような人たちも、ディズニーランド鉄道があったら、それを楽しんだでしょう。でも、それはあくまでも、ものとしての「アメリカ」の骨董品的鉄道を楽しんだのであって、ウォルトや同年代のアメリカ人のように、古きよき時代を「生き直す」ために鉄道に「回帰」したのではないといえます。

「ワールド・バザール」にしても、同じことがいえます。ガラス張りの屋根があることで、「メインストリートUSA」とは構造物としても違いますし、受ける印象もかなり違います。

しかし、仮にオリジナル・ディズニーランドの「メインストリートUSA」のように、屋根がかかっておらず、空が直接見えるようになっていたとして、日本人はウォルトやアメリカ人のように、この場所にノスタルジアを感じるでしょうか。

おそらく、ほとんどの日本人が感じるものといえば、ノスタルジアではなくエキゾティズムです。つまり、ハリウッド映画のセットのなかにやってきたように感じます。また、現実のアメリカではなく、映画のセットみたいだからこそ、ファッショナブルに感じるのです。

ウォルトが感じて欲しかったノスタルジアも、日本人の場合は違います。ウォルトの世代のアメリカ人にとって古きよき時代とは一九世紀末のことです。だから、この時代を再現する鉄道や「メインストリートＵＳＡ」にノスタルジアを感じるのです。

日本人の団塊の世代の場合は、古きよき時代とは、ディズニーの総天然色娯楽アニメーション大作映画が次々と上映され、テレビ番組の『ディズニーランド』（プロレス中継と交互に隔週で放送）が放送されていた高度経済成長期（一九五五年から一九七三年までといわれる）のことでしょう。

ですから、鉄道とか「メインストリートＵＳＡ」とかではなく、ディズニー映画をテーマとしたアトラクションすべてと東京ディズニーランド全体が「古きよき戦後時代」、「高度成長期の日本」のノスタルジアの対象なのです。

しかし、団塊の世代ジュニアの若者たちにとっては、そこはテレビや映画とは違った「体験娯楽」が楽しめ、しゃれた小物が買えるファッショナブルな娯楽ショッピング施設です。

トゥモローランドについても同じことがいえます。かつてオリジナル・ディズニーランドのトゥモローランドには、大陸間弾道ミサイルのように見えるムーン・ライナーがありました。その後、原子力潜水艦が八隻、艦隊を組んで走る「サブマリン・ヴォヤッジ」が加わりました。このことに、アメリカ人はほとんど違和感を持たなかったのです。

これに対して、東京ディズニーランドのトゥモローランドには、最初からムーン・ライナーも「サブマリン・ヴォヤッジ」もありませんでした。オリエンタルランド側が拒否したといわれています。日本のトゥモローランドは平和そのものといえます。日本の若者が挑戦する明日には、冷戦もなければ、戦争もないかのようです。

東京ディズニーランドは第二世代パーク

三つの「マウンテン」についていえば、アメリカではウォルトの死後、ディズニーランドは、かなりの抵抗を感じながら、長い時間をおいて、一つずつこのタイプのライドを導入していきました。

そして、これらのマウンテンは、ディズニーランドが、もはやウォルトの哲学に基づいた第一世代のものではなく、ウォルトの哲学を継承しつつも、テーマパーク競争の中で進化をとげた第二世代のディズニーランドであることを示していました。

マウンテンの導入は、ウォルトの教養主義的で過去指向の第一世代ディズニーランドから、レジャー追求型で未来指向の第二世代ディズニーランドへの歴史的転換を象徴的に表していたのです。

これに対し、東京ディズニーランドには最初から**「スペース・マウンテン」**がありました。**「ビッグサンダー・マウンテン」**も開園から四年後の一九八七年に加わっています。**「スプラッシュ・マウンテン」**が導入されるのは、さらに五年後の一九九二年のことですが、これはフロリダのマジック・キングダムに導入されるのと同時という早さでした。

ある意味で、東京ディズニーランドは、第一世代を跳び越して、第二世代のレジャー追求型で未来指向のディズニーランドとしてスタートを切っていたといってもいいでしょう。

東京ディズニーランドは、オリジナル・ディズニーランドとは、置かれた国と文化的環境が違うだけでなく、時代的状況もパーク自体の歴史の厚みも違っています。

さらに東京ディズニーランドは、日本文化の中に取り入れられることによって絶えず「リコンテキスチュアライズ」されてきました。これは日本生まれで日本育ちのアメリカ人文化人類学者メアリー・ヨーコ・ブランネンが「ブワナ・ミッキー、東京ディズニーランドに文化的消費を築き上げる」という論文で唱えた概念です。つまり、ある文化的コンテキストのなかで意味を持っていたものを、別の文化的コンテキストにおくと、その意味や使い方が変ることをいいます。

消費者の側の意味づけや使い方が変ると、それにあわせて売り手側もさまざまな工夫をこらすことになるので、ものそのものにもさまざまな変化が起こります。

例としては、ミッキーマウス柄の浴衣が挙げられます。ミッキーはそのままで変わらないのですが、浴衣の柄として使われるので、日本風に見えます。意表をついていますが、違和感があるというほどではなく、それなりの面白さがあります。したがって、メーカーが作り、消費者も変化を受け入れ、さらに類似の商品が作られるということになります。

同じことは東京ディズニーランドにも当てはまります。このテーマパークも基本的にはマジック・キングダムのコピーなのですが、日本の文化的・社会的コンテキストのなかに置かれているために、日本的な意味を帯び、日本的利用のされ方をしています。

例えば、修学旅行です。今日、多くの学校が東京ディズニーランドを修学旅行のコースの中に入れています。本来、修学旅行とは教科書で読んだ名所旧跡を訪ねたり、企業や官公庁を見学したりするものだったはずですが、東京ディズニーランドが、ウォルトが生み出したアメリカ製のテーマパークというより、「東京の名所」という意味を持つようになったため、修学旅行のコースに入るようになったのです。

同じような例はニューイヤー・カウントダウンにも見られます。神社に初詣に行くために、大晦日の夜から元日の朝まで夜通し外出するということは前からありましたが、首都圏の一部の若い人は、神社の代わりにディズニーランドで年越しをするということをし始めました。もちろん、これは東京ディズニーランドの側が夜通し開園するというサーヴィスを行ったので生まれたものです。

また、アフター6というサーヴィスも日本的だと思います。これは午後六時以降、割安な料金でゲストを入園させるというものです。東京駅から三、四〇分で来ることができるというメリットを生かしたものですが、そもそも、親子が一日中滞在して楽しむというディズニーランドのコンセプトからは逸脱しています。また、アメリカ人やヨーロッパ人なら、仕事帰りにディズニーランドに駆けつけ、帰りの電車の時間を気にしながらパレードを見るということは理解できないことでしょう。レジャーの考え方が根本的に違うのです。

ゲストの七〇パーセントが女性という意味

もっと重要な違いがあります。東京ディズニーランドは中心的ゲストの層が違うのです。

現在のデータによると、東京ディズニーランドのゲストの男女比率は、七〇パーセントほどが女性で三〇パーセントほどが男性です。

開園から三年後の一九八六年では、このデータが四七パーセントと五三パーセントでした。はじめは男女比率が半々だったのが、次第に女性が多数になっていったのです。

大人と子供の比率を見ると、現在、ゲストのおよそ七〇パーセントが大人で三〇パーセントが子供です。これは一九八六年もほぼ同じでした。日本は少子化しているので、子供のパーセンテージはこれからもっと下がるでしょう。

つまり、東京ディズニーランドの中心的ゲストは、大人の女性だということです。でも、一九八六年のデータが示すように最初はこうではありませんでした。年を追うごとにそのように変わっていったのです。

これは、オリジナル・ディズニーランドのゲストが、家族連れの夫婦が多く、男女の比率がほぼ同じで、かつ子供が多かったのとは大違いです。ディズニーランドのオープン当時、つまりアメリカのベビーブームのころは、一夫婦あたりの子供の数は、平均三・五人でした。

ウォルトのもっていたもともとのコンセプト（中高年男性のノスタルジア）からいけば、男性ゲストが多くなることがあっても、女性ゲストが圧倒的多数になることはないはずです。そして、大人と子供の比率も、親子連れでくるのですから、子供が大人を上回るようでなければなりません。

ということは、東京ディズニーランドは、このような点でも、ウォルトが考えたオリジナル・ディズニーランドとはかなり違うものになっているということです。

東京ディズニーランドの中心的ゲストにとって、この建造物は、東京近郊にあってアクセスが便利な巨大娯楽・ショッピング複合施設として位置づけられているのです。それは、他の国のディズニーブランドのテーマパークと比べても飛びぬけて高いパーク内の商品の売り上げが証明しています。

逆にいうと、このようなショッピング施設としての魅力を備えているからこそ、消費意欲の盛んな大人の女性をリピーターとしてひきつけられるのだといえます。

こういったことは、現在のところ、東京ディズニーランドに特徴的に見られるといえそうです。アメリカやフランスや香港のディズニーランドのパーク内の商品の売り上げは、東京ディズニーランドにはおよびません。

マジック・キングダムのコピーは、日本の文化的コンテキストのなかに置かれることによって、とくに東京という、公共交通網が使える巨大消費都市の文化的コンテキストのなかに置かれることによって、リコンテキスチュアライズされてきているのです。

前に東京ディズニーランドはレジャー追求型で未来指向の第二世代のディズニーランドとしてスタートを切ったといいました。このようなリコンテキスチュアライズされてきた状況を見ますと、このテーマパークは、第二世代のレジャー追求型に消費追求型を加えた第三世代のディズニーランドに進化を遂げていると私には思えるのです。

東京ディズニーランドにストーリーは必要ないか

では、このようにオリジナル・ディズニーランドとは違っている、そしてリコンテキスチュアライズされている第三世代の東京ディズニーランドを私たちが楽しむのに、ウォルトが意図したことを知り、そこからアメリカ人がどんなストーリーをつむぐのかを知ることは意味がないでしょうか。

この本をここまで読んでくださったかたは、「そうは思わない」といってくれると思います。東京ディズニーランドが単なる娯楽・ショッピング複合施設であっていいはずがないからです。原点はウォルトという巨大な才能が生み出した夢の国なのですから。

ウォルトやイマジニアが提示しているテーマについて知識を持ち、ストーリーをつむぐことができる人は、東京ディズニーランドの見方と受け止め方において、それができない人とまったく違ってくると思います。

なぜなら、テーマパークとしての東京ディズニーランドのテーマを理解し、それを読み解き、楽しむことができるようになるのですから。そして、テーマパークのあらゆるものの細部に注意を払うようになり、行くたびに新しい発見をするようになるのですから。知識とストーリーによって、理解と受容が多層的で豊かになるのです。なによりも、娯楽・ショッピング複合施設としてだけでなく、文化・教育施設としても楽しめるようになります。

ディズニーランドは永遠に完成しない

アメリカのアナハイムにオリジナル・ディズニーランドが開園したとき、ウォルトはテレビのレポーターに向かってこういっています。

「ディズニーランドは決して完成しません。世界に想像力がある限り、それは成長しつづけるのです」

実はこれには別のヴァージョンがあります。ウォルトは、伝記作家ピート・マーティンには次のように語ったということです。

ディズニーランドは終わりのないものです。発展させ続け、付け加え続けられるものです。それは生きていて、息をするように必要な変化を取り込み続けるのです。映画だったら完成してテクニカラー社（フィルム現像会社）に渡せばそれで終わりです。数週間前に完成させた映画は、いまはもう手元にありません。私はそれに触ることすらできないのです。生きていて、成長を続けて、考えたことを次々と付け加えていけるものが私は欲しかったのです。それがあのパークなのです。

私には、こちらのほうが、ウォルトがいいたかったことをよく表していると思われます。いずれにせよ、このような言葉をウォルトが語ったとき、彼は自分が作ったものとしてのディズニーランドと、自分とイマジニアの「考えたこと」を念頭に置いていたようです。

しかし、現代はボーダーレスの時代です。ディズニーランドはアメリカの二つに加えて、アジアに二つ（現在三つ目が上海で工事中）、ヨーロッパに一つあります。彼のディズニーランドが持つ意味は、その受け手の側でも、文化的にも多層的になってきているのです。

二一世紀の今日、彼のディズニーランドになにかを付け加え、変化させ、発展させ、リコンテキスチュアライズしているのは、文化を越え、世代を越えてそれを受容し続けるそれぞれの国の受け手・ゲストの想像力でもあるのです。

そして、もの以上に、この想像力が変化し、進化しているのです。

イマジニアたちは想像力を働かせ、ニューテクノロジーを駆使し、次々と新しいアトラクションを生み出し、それらをディズニーランドに付け加えていくでしょう。それによってものとしてのディズニーランドは変化し、発展し続けるでしょう。

同じことはさまざまな国の受け手・ゲストの側にもいえます。

ディズニーランドが生き物のように受け手・ゲストの想像力を吸い込む力がある限り、これが完成することは決してありません。

あとがき

本にも運命があるようです。

本書の草稿は、「ディズニーランド・ストーリー」というタイトルのもとに二〇〇八年の冬に集中的に執筆し、二〇〇九年の一月に完成させました。ところが、その後、私のほうのいろいろな都合で、出版がのびのびになってしまいました。

ようやく、こうして上梓することができたわけですが、今年はくしくもウォルト・ディズニー生誕一一〇周年にあたります。この記念すべき年が近づいていることは知っていましたが、今年まで本の出版を延ばすつもりはありませんでした。

今日では、さまざまなディズニー・エンターテイメントの産みの親であるウォルトのことは忘れられがちですが、この節目にあたって、本書によって、彼と彼が残していったテーマパークの歴史を振り返るのもいいのではないかと思います。

今回も、後藤裕二編集長を始めいろいろな方にお世話になりました。特筆しなければならないのは、校正の方のすばらしい仕事です。誤字脱字の訂正はもちろんのこと、あらゆる資料にあたって私の思い違いや記述の不正確さを指摘していただきました。ここに心から感謝申し上げます。

本書を、幼いころ一緒に『ダンボ』を見た母の思い出に捧げます。

二〇一一年六月

有馬哲夫

主要な参考文献

有馬哲夫、『ディズニー千年王国の始まり』、NTT出版、二〇〇一年
有馬哲夫、『ディズニーとは何か』、NTT出版、二〇〇一年
有馬哲夫、『ディズニーランド物語』、日経ビジネス人文庫、二〇〇一年
有馬哲夫、『ディズニーの魔法』、新潮新書、二〇〇三年
有馬哲夫、『ディズニーとライバルたち』、フィルムアート社、二〇〇四年
有馬哲夫、『ディズニー五つの王国の物語』、宝島社、二〇〇九年
加山昭、『アメリカ鉄道創世記』、山海堂、一九九八年
近藤喜代太郎、『アメリカの鉄道史』、成山堂書店、二〇〇七年
能登路雅子、『ディズニーランドという聖地』、岩波新書、一九九〇年
J・C・ハリス、斎藤数衛訳、世界少年・少女文学全集第二部三巻アメリカ編一『リーマスおじさん』、東京創元社、一九五八年
J・C・ハリス、河田智雄訳、『リーマスじいやの物語』、講談社文庫、一九八三年
マーク・トウェイン、大久保康雄訳、『トム・ソーヤーの冒険』、新潮文庫、一九五三年
マーク・トウェイン、村岡花子訳、『ハックルベリイ・フィンの冒険』、新潮文庫、一九五九年
マーク・トウェイン、勝浦吉雄訳、『ミシシッピ河上の生活』、文化書房博文社、一九九三年
ワシントン・アーヴィング、田部重治訳『スケッチ・ブック』、角川文庫、一九六九年

Barrier, Michael, *The Animated Man*, Univ. of California Pr., 2007.
Brannen, Mary Yoko, "Bwana Mickey: Constructing Cultural Consumption at Tokyo Disneyland," in Joseph J. Tobin, ed., *Re-Made in Japan*, Yale Univ. Pr., 1992.
Bright, Randy, *Disneyland : Inside Story*, Harry N Abrams, 1987.
Canemaker, John, *Walt Disney's Nine Old Men*, Disney Editions, 2001.
Flower, Joe, *Prince of the Magic Kingdom*, Wiley & Sons Inc., 1991.
Gordon, Bruce, and David Mumford, *Disneyland: The Nickel Tour*, Camphor Tree Pub., 1967.
Kurtti, Jeff, *Walt Disney's Imagineering Legends*, Disney Editions, 2008.
Mosley, Leonard, *Disney's World*, Scarborough House, 1990.
Peri, Don, *Working with Walt: Interviews with Disney Artists*, Univ. Pr. of Mississippi, 2008.
Shows, Charles, *Walt: Backstage Adventures with Walt Disney*, Windsong Books International, 1980.
Smith, Dave, *Disney A to Z*, Hyperion, 1996.
Surrell, Jason, *The Disney Mountains*, Disney Editions, 2007.
Thomas, Bob, *Walt Disney: An American Original*, Hyperion, 1994.
Ed.,Wallace,Mike, *Mickey Mouse History*, Temple Univ. Pr., 1996.
Watts, Steven, *The Magic Kingdom*, Houghton Mifflin, 1997.

McGinnis, George, Walt Disney World's Space Mountain, July 6, 2005.
http://www.mouseplanet.com/7135/WDWs_Space_Mountain
McGinnis, George, Walt Disney World's Space Mountain, July 22, 2005.
http://www.mouseplanet.com/7136/WDWs_Space_Mountain
McGinnis, George, Disneyland Space Mountain, October 12, 2005.
http://www.mouseplanet.com/7137/DL_Space_Mountain
McGinnis, George, Disneyland Space Mountain, Part2, October 26, 2005.
http://www.mouseplanet.com/7138/DL_Space_Mountain_Part_2
McGinnis, George, Disneyland Space Mountain, Part3, November 9, 2005.
http://www.mouseplanet.com/7139/DL_Space_Mountain_Part_3
Mongello, Louis, Interview with former Disney Imagineer Steve Kirk, February 14, 2008.
http://www.wdwradio.com/2008/02/interview-with-former-disney-imagineer-steve-kirk/
http://www.davelandweb.com/moonliner/

有馬哲夫　1953（昭和28）年生まれ。早稲田大学教授（メディア論）。著書に『ディズニーの魔法』『ディズニー・ミステリー・ツアー』『原発・正力・CIA　機密文書で読む昭和裏面史』など。

Ⓢ新潮新書

428

ディズニーランドの秘密《ひみつ》

著　者　有馬哲夫《ありまてつお》

2011年7月20日　発行
2021年4月30日　5刷

発行者　佐　藤　隆　信
発行所　株式会社新潮社
〒162-8711　東京都新宿区矢来町71番地
編集部(03)3266-5430　読者係(03)3266-5111
http://www.shinchosha.co.jp

地図製作　ブリュッケ
印刷所　大日本印刷株式会社
製本所　加藤製本株式会社

ISBN978-4-10-610428-2　C0276

価格はカバーに表示してあります。

新潮新書

501
たくらむ技術
加地倫三

バカげた番組には、スゴいたくらみが隠れている——テレビ朝日の人気番組「ロンドンハーツ」「アメトーーク！」のプロデューサーが初めて明かす、ヒットの秘密と仕事のルール。

506
日本人のための世界史入門
小谷野敦

「日本人にキリスト教がわからないのは当然」「中世とルネッサンスの違い」など、世界史を大づかみする〝コツ〟、教えます——。古代ギリシアから現代まで、苦手克服のための入門書。

713
人間の経済
宇沢弘文

富を求めるのは、道を聞くためである——それが、経済学者として終生変わらない姿勢だった。経済思想の巨人が、自らの軌跡とともに語った、未来へのラスト・メッセージ。

740
遺言。
養老孟司

私たちの意識と感覚に関する思索は、人間関係やデジタル社会の息苦しさから解放される道となる。知的刺激に満ちた、このうえなく明るく面白い「遺言」の誕生！

764
知の体力
永田和宏

「群れるな、孤独になる時間を持て」「出来あいの言葉で満足するな」——。細胞生物学者にして日本を代表する歌人でもある著者がやさしく語る、本物の「知」の鍛錬法。